Lahntal-Radweg

Von der Quelle zum Rhein

Ein original *bikeline*-Radtourenbuch

Esterbauer

bikeline®-Radtourenbuch Lahntal-Radweg
© 1998-2007, **Verlag Esterbauer GmbH**
A-3751 Rodingersdorf, Hauptstr. 31
Tel.: +43/2983/28982-0, Fax: -500
E-Mail: bikeline@esterbauer.com
www.esterbauer.com
7. überarbeitete Auflage, Sommer 2007
ISBN: 978-3-85000-105-2

Bitte geben Sie bei jeder Korrespondenz die Auflage und die ISBN an!

Dieses Radtourenbuch ist mit inhaltlicher Unterstützung des Lahntal Tourismus Verbandes e.V. erstellt.

Dank an alle, die uns bei der Erstellung dieses Buches tatkräftig unterstützt haben. Besonderen Dank für Informationen und Korrekturen an: F. Kautzsch, Frankfurt; M. Paul-Eckhardt; B. u. M. Baier, Friedrichsdorf; E. Port, Braubach; J. Höppner, Neuwied; J. Hlinka; I. Dietz, Solms-Oberbriel; A. Bergen; U.-W. Witthaut; H. Reinhard, Linsengericht; R. Geiss; H.-J. Ohde, Heiligenhaus; E. Villinger, Freiburg; W. Steinhoff; B. Stahl, Bad Neuenahr-Ahrweiler; G. Keller, Suderburg; R. Schoenhardt, Arnsberg; A. Sauerbrey, Frankfurt; J. Puchner, Stuttgart; H. Flock, Mettmann; A. Bönki, Velen; J. Menzel, Dresden; B. Blüder, Sinn-Edingen; J. Höppner, Neuwied; S. Holler, Hamburg; H.-J. Dombrowsky, Nassau; U. Stelzig, Aurich; I. Ziegler, Salzhemmendorf; E. Kroecher; K. Surhoff; G. Lippke, Rheinberg; M. Stampe, Weil der Stadt; H. Mennicken, Weitersburg; J. Kramb, Hünfelden; K. Morschel, Witzenhausen; H. O. Beer; B. Müller, Wolfratshausen; W. Link; F. Steck, Lahr; H. Kohlhauer, Marbach; R. Krempel, antenburg; R. Bahnmüller, Geretsried-Gelting; H. Köbberling; R. Inselsberger, M. Trendel, Gießen; F. Gersch u. C. Löhndorf, Wiesbaden; D. Vollmer, Stuttgart; U. Winter, Düsseldorf; J. u. K. Rall, Markgröningen; K.-H. Konnertz, Wuppertal; D. Maag, Kirchheim u. T.; U. Gerstner; R. Schubert, Berlin; W. Patzelt, Wetzlar; E. Hebig, Wetzlar; S. u. R. Stiewe-Berk, Gießen; W. u. M. Dorsten, Nordhorn; R. Brändle, Waldstetten; F. u. H. Heckel, Bad Neustadt; H. Flammer, Möglingen; M. Strantz, Freudenstadt; B. Schlage, Hannover; W. Leisenheimer; D. Bardolf, Volkershausen; T. Werschler; G. Grönke; J. Kramb, Hünfelden; R. Dietrich, Wermelskirchen; B. und M. Künzig, Darmstadt; O. und W. Balschun, Miellen; D. Keller, Köln; H. Peters; M. Heidemann, Zirndorf; C. Knorrenschild; H. Langrock, Bruchsal; Malik, Berlin; I. Koch, Frankfurt a.M.; D. Altmiks; S. Eichhorn; A. Ruppert; B. Wurst.

Das bikeline-Team: Birgit Albrecht, Heidi Authried, Beatrix Bauer, Michael Bernhard, Michael Binder, Karin Brunner, Anita Daffert, Nadine Dittmann, Stefan Dörner-Schmelz, Sandra Eisner, Roland Esterbauer, Angela Frischauf, Jutta Gröschel, Dagmar Güldenpfennig, Carmen Hager, Karl Heinzel, Heidi Huber, Peter Knaus, Martina Kreindl, Sonja Landauer, Veronika Loidolt, Niki Nowak, Adele Pichl, Petra Riss, Gaby Sipöcz, Matthias Thal, Wolfgang Zangerl.

Bildnachweis: Archiv: 30; Birgit Albrecht: Titelfoto groß, 14, 16, 19, 23, 32, 32, 38, 40, 42, 42, 44, 46, 48, 50, 52, 55, 5, 60, 60, 64, 66, 66, 68, 70, 70, 74, 56; Gemeinde Weimar: 36; Kurverwaltung Bad Laasphe: 16, 18; Marburg, Marburg: 30; Mirijana Nakic: 78, 79; Sandra Eisner: 7, 14, 20, 24, 36, 61, 62, 76, 76, 80, 58; Stadt Wetzlar: 46; Thomas Meyer: 6; Velociped Fahrradreisen: 24, 26, 34, 54, 68, 72, 72, 73, 82; Verkehrsamt Wetzlar, Fotograf: R. Maiworm: Titelfoto klein, 48, 49

bikeline® und *cycline*® sind eingetragene Warenzeichen; Einband patentrechtlich geschützt. Alle Daten wurden gründlich recherchiert und überprüft. Erfahrungsgemäß kann es jedoch nach Drucklegung noch zu inhaltlichen und sachlichen Änderungen kommen. Alle Angaben ohne Gewähr. Alle Rechte vorbehalten. Kein Teil dieses Buches darf in irgendeiner Form ohne schriftliche Genehmigung des Verlages reproduziert oder unter Verwendung elektronischer Systeme verarbeitet, vervielfältigt oder verbreitet werden.

Dieses Buch wird empfohlen von:

dasLahntal
Der stille Traum der Natur

VCS • VCÖ • VCD
Verkehrsclubs

FDNF Fahrradtouristik GbR

Naturfreunde Österreich

Trekkingbike

bikeline

Was ist bikeline?

Wir sind ein Team von Redakteuren, Kartografen, Geografen und anderen Mitarbeitern, die allesamt begeisterte Radfahrerinnen und Radfahrer sind. Ins „Rollen" gebracht hat das Projekt 1987 eine Wiener Radinitiative, die begonnen hat Radkarten und Radbücher zu produzieren. Heute tun wir dies als Verlag mit großem Erfolg. Mittlerweile gibt's bikeline® und cycline® Bücher in fünf Sprachen und in vielen Ländern Europas.

Um unsere Bücher immer auf dem letzten Stand zu halten, brauchen wir auch Ihre Hilfe. Schreiben Sie uns, wenn Sie Unstimmigkeiten oder Änderungen in einem unserer Bücher entdeckt haben.

Wir freuen uns auf Ihre Rückmeldung (redaktion@esterbauer.com),

Ihre bikeline-Redaktion

Vorwort

Tiefgrüne Wälder, saftige Flusswiesen, wehrhafte Burgen, romantische Fachwerkstädte und noch vieles, vieles mehr – das Lahntal hat für Sie ganz besondere Reize auf Lager. 243,5 Kilometer lang ist die Radroute entlang der Lahn und ihr Flusslauf erstreckt sich über drei Bundesländer: in Nordrhein-Westfalen entspringt sie, ihr Herzstück fließt durch Hessen und in Rheinland-Pfalz mündet sie in den großen Bruder Rhein. Auf ihrem ereignisreichen Weg schlängelt sich das glitzernde Band der Lahn durch die märchenhaften Lande der Brüder Grimm, in Marburg und Gießen herrscht buntes Studententreiben, in Wetzlar, Weilburg oder Limburg lockt ein Spaziergang durch die verwinkelten Gassen malerischer Fachwerkstädte und im Kurort Bad Ems können Sie sich dann nach Ihren bisherigen sportlichen Anstrengungen verwöhnen lassen.

Präzise Karten, genaue Streckenbeschreibungen, zahlreiche Stadt- und Ortspläne, Hinweise auf das kulturelle und touristische Angebot der Region und ein umfangreiches Übernachtungsverzeichnis – in diesem Buch finden Sie alles, was Sie zu einer Radtour entlang der Lahn zwischen Quelle und Rhein brauchen – außer gutem Radlwetter, das können wir Ihnen nur wünschen.

Kartenlegende (map legend)

Kategorie / Art des Weges
- ▬▬▬ Hauptroute, wenig KFZ-Verkehr (main cycle route, low motor trafic)
- ▬▬▬ Hauptroute, autofrei / Radweg (cycle path, without motor trafic)
- ▬▬▬ Ausflug od. Variante, wenig KFZ-Verkehr (excursion or alternative route, low motor trafic)
- ▬▬▬ Ausflug oder Variante, autofrei / Radweg (excursion or alternative route, without motor trafic / cycle path)

Oberfläche / Wegqualität (surface)
- ▬▬▬ asphaltiert (paved road)
- ─ ─ ─ nicht asphaltiert (unpaved road)
- ··· ··· schlecht befahrbar (bad surface)

KFZ-Verkehr (vehicular trafic)
- ●●●● Radroute auf mäßig befahrener Straße (cycle route with moderate motor trafic)
- ●●●● Radroute auf stark befahrener Straße (cycle route with heavy motor trafic)
- ▬▬▬ Radfahrstreifen (cycle lane)
- ▬▬▬ mittelstark befahrene Straße (road with motor trafic)
- ▬▬▬ stark befahrene Straße (road with heavy motor trafic)

Steigungen / Entfernungen (gradient / distance)
- ►► starke Steigung (steep gradient, uphill)
- ► leichte bis mittlere Steigung (light gradient)
- |─3─| Entfernung in Kilometern (distance in km)
- ➤ Routenverlauf (cycle route direction)

Thematische Informationen

Schönern sehenswertes Ortsbild (picturesque town)
- ( ) Einrichtung im Ort vorhanden (facilities available)
- Hotel, Pension (hotel, guesthouse)
- Jugendherberge (youth hostel)
- Campingplatz (camping site)
- Naturlagerplatz* (simple tent site)
- Tourist-Information (tourist information)
- Einkaufsmöglichkeit* (shopping facilities)
- Kiosk* (kiosk*)
- Gasthaus (restaurant)
- Rastplatz* (resting place*)
- Unterstand* (covered stand*)
- Freibad (outdoor swimming pool)
- Hallenbad (indoor swimming pool)
- sehenswerte Gebäude (buildings of interest)
- Museum (museum)
- Ausgrabungen (excavation)
- andere Sehenswürdigkeit (other place of interest)
- Tierpark (zoo)
- Naturpark (nature reserve)
- Aussichtspunkt (panoramic view)

- Fähre (ferry)
- Fahrradwerkstatt* (bike workshop*)
- Fahrradvermietung* (bike rental*)
- überdachter Abstellplatz* (covered bike stands*)
- abschließbarer Abstellplatz* (lockable bike stands*)
- Gefahrenstelle (dangerous section)
- Text beachten (read text carefully)
- Treppe* (stairs*)
- Engstelle* (narrow pass, bottleneck*)
- Radfahren verboten (road closed to cyclists)
- Radweg in Planung (planned cycle path)

Nur in Ortsplänen:
- Parkplatz* (parking lot*)
- Parkhaus* (garage*)
- Post* (post office*)
- Apotheke* (pharmacy*)
- Krankenhaus* (hospital*)
- Feuerwehr* (fire-brigade*)
- Polizei* (police*)
- Theater* (theatre*)

Topographische Informationen
- Kirche (church)
- Kapelle (chapel)
- Kloster (monastery)
- Schloss, Burg (castle)
- Ruine (ruins)
- Turm (tower)
- Funkanlage (TV/radio tower)
- Kraftwerk (power station)
- Umspannwerk (transformer)
- Windmühle (windmill)
- Windkraftanlage (windturbine)
- Wegkreuz (wayside cross)
- Gipfel (peak)
- Bergwerk (mine)
- Leuchtturm (lighthouse)
- Sportplatz (sports field)
- Denkmal (monument)
- Flughafen (airport, airfield)
- Schiffsanleger (boat landing)
- Quelle (natural spring)
- Kläranlage (purification plant)

* Auswahl (* selection)

Maßstab 1 : 50.000
1 cm ≙ 500 m   1 km ≙ 2 cm

0 — 1 — 2 — 3 — 4 — 5 — 6 — 7 — 8 — 9 — 10 km

Staatsgrenze (international border)
Grenzübergang (border checkpoint)
Landesgrenze (country border)
Wald (forest)
Felsen (rock, cliff)
Vernässung (marshy ground)
Weingarten (vineyard)
Friedhof (cemetary)
Watt (shallows)
Dünen (dunes)
Wiesen*, Weiden* (meadows)
Damm, Deich (embankment, dyke)
Staumauer, Buhne (dam, groyne, breakwater)
Schnellverkehrsstraße (motorway)
Hauptstraße (main road)
untergeordnete Hauptstraße (secondary main road)
Nebenstraße (minor road)
Fahrweg (carriageway)
Fußweg (footpath)
Straße in Bau (road under construction)
Eisenbahn m. Bahnhof (railway with station)
Schmalspurbahn (narrow gage railway)
Tunnel; Brücke (tunnel; bridge)

Inhalt

3   Vorwort
4   Kartenlegende
5   Lahntalradweg
11 Zu diesem Buch

13   Von der Quelle nach Marburg   69 km

33   Von Marburg nach Wetzlar   54 km

42   Variante nach Dorlar (6,5 km)

51   Von Wetzlar nach Limburg   60 km

69   Von Limburg nach Lahnstein   60,5 km

84   Übernachtungsverzeichnis
92   Ortsindex

Lahntalradweg

Der magische Fluss, die Lahn, findet seinen Verlauf quer durch liebliche Auen und herrlich saftig grüne Täler. Der eigentliche Ursprung des Flusses befindet sich beim Lahnhof, 9,5 Kilometer süd-westlich von Feudingen. Mit einer Flusslänge von zirka 224 Kilometer schlängelt sich die Lahn immer wieder gekonnt ihren Weg durch das widerspenstige Wittgensteiner Bergland und bestimmt somit ihren einzigartigen Verlauf.

Lassen Sie sich auf der abwechslungsreichen Radtour entlang der Lahn viel Zeit zum Verweilen und Besichtigen der zahlreichen Burgruinen, märchenhaften Schlösser und genießen Sie einfach den sanften, beruhigenden Klang der stillen Natur. Auf dem Weg durch das Lahntal bleiben liebenswerte, historische Altstädte wie z. B. Wetzlar keinem Kunstliebhaber verborgen.

Der Fluss ist nicht nur Ausflugsziel für Radfahrer sondern auch ein wahres Paradies für Paddler, da der Fluss alles bietet, was man sich nur wünschen kann. Die Landschaft um die Lahn herum ist außergewöhnlich reizvoll, geprägt von dunklen Wäldern, engen Schluchten und dem beruhigenden Rauschen des Flusses im Hintergrund. Jene, die vom Alltagsstress Abstand nehmen möchten, werden hier im Lahntal auf der Suche nach Ruhe und Abgeschiedenheit reich belohnt werden.

Streckencharakteristik

Länge

Die Länge des Lahntalradweges von der Quelle bis nach Lahnstein an der Mündung in den Rhein beträgt 243,5 Kilometer.

Klassifizierung durch ADFC

Der Lahntalradweg wurde als einer der ersten Radwege in Deutschland mit vier von fünf möglichen Sternen vom ADFC klassifiziert. Berücksichtigt wurden hierfür Kriterien wie Routenführung, Wegweisung und Oberfläche, sowie Verkehrssicherheit, Wegebreite und Infrastruktur.

Lahntalradweg dasLahntal

Neues Lahntal-Routenpilotprogramm

Wegequalität & Verkehr

Die Wegequalität entlang der Lahn ist im Großen und Ganzen gut, teilweise sogar sehr gut. Auf dem ersten Wegstück verläuft die Route auf Radwegen, ruhigen Nebenstraßen oder unbefestigten, aber gut befahrbaren Feldwegen. Nur äußerst selten müssen Sie auf die Straße ausweichen. Nördlich und südlich von Marburg und weiter bis nach Gießen verläuft die Route zum Großteil auf Radwegen oder verkehrsarmen Straßen. Hinter Gießen haben Sie bis zur Mündung eine meist hervorragende Wegeführung, teilweise herrlich an der Lahn entlang.

Beschilderung

Der Radweg ist von der Quelle bis zur Mündung durchgehend und einheitlich beschildert.

Tourenplanung

Infostellen

Lahntal Tourismus Verband e. V., Brückenstr. 2, 35576 Wetzlar, ✆ 07000 Lahntal oder 07000/ 5246825 (€ 0,12/Min), Fax: 0721/151-298296, E-Mail: info@daslahntal.de, www.daslahntal.de
Touristikverband Siegerland-Wittgenstein e. V., Koblenzer Str. 73, D-57072 Siegen, ✆ 0271/3331020, Fax 0271/3331029, www.siegerland-wittgenstein-tourismus.de
TOuR GmbH Marburg-Biedenkopf, Im Lichtenholz 60, D-35043 Marburg, ✆ 06421/405-1345, Fax 06421/ 405-1509, www.marburg-biedenkopf-tourismus.de
Ferienland Westerwald-Lahn-Taunus e. V., Schiede 43, D-65549 Limburg, ✆ 06431/296221, Fax 06431/296444, www.landkreis-limburg-weilburg.de

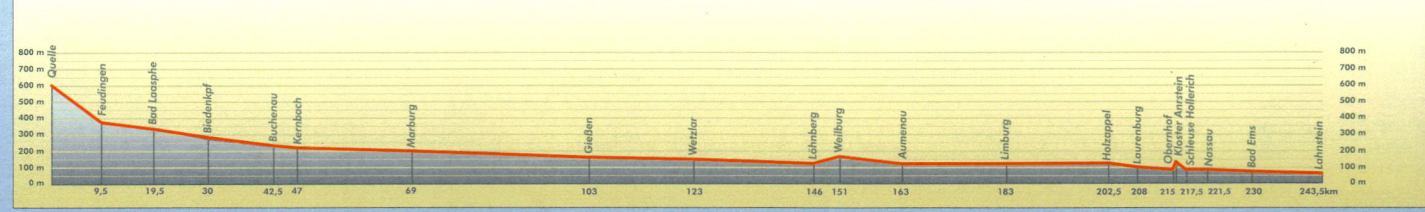

Lahn-Taunus-Touristik, Römerstr. 1,
D-56130 Bad Ems, ✆ 02603/9415-0,
Fax 02603/9415-50
Lahn-Taunus-Touristik, Obertal 9a,
56377 Nassau, ✆ 02604/9525-0,
Fax: 02604/952525, www.lahn-taunus.de

Anreise & Abreise mit der Bahn:
Bahnauskünfte Deutschland:
Deutsche Bahn AG, www.bahn.de, **Radfahrer Hotline,** ✆ 01805/151415 (€ 0,14/Min.), ÖZ: tägl. 8-20 Uhr, Auskünfte zu Reiseverbindungen mit Fahrradmitnahme, Fahrradversand und Fahrradvermietung, **Reise-Service,** ✆ 11861 (€ 0,03/Sek., ab Weiterleitung zum ReiseService € 0,39/angef. Min.), tägl. 0-24 Uhr, Auskünfte zu Zugverbindungen, Fahrpreise, Fahrkartenbuchungen und -reservierungen, **Automatische DB-Fahrplanauskunft** ✆ 0800/1507090 (kostenfrei), alles auch online unter www.bahn.de.

Ländertickets:
Die Ländertickets der Deutschen Bahn ermöglichen Einzelreisenden oder Kleingruppen von bis zu 5 Personen die uneingeschränkte Nutzung der Nahverkehrszüge für den Gültigkeitstag der Tickets. Erhältlich sind sie an Automaten sowie im Vorverkauf der DB Verkaufsstellen. Die Tickets für die drei Bundesländer Nordrhein-Westfalen, Hessen und Rheinland-Pfalz kosten zwischen 23 und 27 Euro. Die der Lahnquelle am nächsten gelegenen Bahnhöfe sind Feudingen, Rudersdorf und Lützel. Feudingen liegt auf der Bahnstrecke Siegen-Marburg (Rothaarbahn). Rudersdorf finden Sie zwischen Siegen und Giessen und Lützel in der Nähe von Erndtebrück an der B 62 und ist von Siegen aus mit der Bahn sehr gut zu erreichen. Feudingen liegt nördlich der Lahnquelle direkt an der Radroute. Sie können also gleich in Feudingen starten, oder von hier aus noch die knapp 10 Kilometer zur Quelle hinauffahren.

Lützel liegt nordwestlich der Quelle und 12 Kilometer auf asphaltierter Strecke von der Lahnquelle entfernt. Rudersdorf befindet sich südlich der Quelle etwas weiter als Feudingen entfernt und ist zwar besser und direkter an das Bahnnetz angeschlossen, allerdings weist die Anfahrtsstrecke zur Lahnquelle starke, sich über Kilometer hinziehende Steigungen auf.

Für Ihre persönliche Anreiseroute lassen Sie sich aber am besten von der Bahn AG beraten (siehe Radfahrer Hotline).

Fahrradtransport:
Fahrradmitnahme: Die direkte **Fahrradmitnahme** ist in allen Zügen der Deutschen Bahn möglich, die im Fahrplan mit dem Radsymbol 🚲 gekennzeichnet sind, und in denen genügend Stellfläche vorhanden ist. Sie benötigen hierfür eine Fahrradkarte und für Fahrten in **Fernzügen** (IC, EC, NZ, EN, D, CNL) eine Stellplatzreservierung. Die Reservierung ist bei gleichzeitigem Kauf der Fahrradkarte kostenlos, ansonsten € 3,–. Bitte beachten Sie, dass besondere Fahrradtypen wie Tandems aus Kapazitätsgründen in den meisten Fernzügen, die die Bahn für die Fahrradmitnahme anbietet, nicht zugelassen sind. Zusammengeklappte und demontierte Fahrräder oder Anhänger können kostenlos als Handgepäck mitgenommen werden. Ansonsten benötigen Sie eine weitere Fahrradkarte für den Anhänger. Reisen Sie in einer größeren Gruppe oder während der Stoßzeiten, dann sollten Sie sich im Voraus nach den vorhandenen Plätzen erkundigen.

Lahntalradweg-Beschilderung

Nähere Auskünfte und Reservierungen erhalten Sie über die Radfahrer Hotline.

Die **Fahrradkarte** ist deutschlandweit gültig und kostet in den Fernzügen € 8,–, Bahncardbesitzer zahlen € 6,–. In den Zügen des Nahverkehrs kostet die Mitnahme € 3,–, allerdings können hier in einzelnen Tarifverbünden abweichende Tarifbestimmungen gelten.

Fahrradversand: Wenn Sie **in Deutschland** Ihr Fahrrad im Voraus als Reisegepäck verschicken wollen, wird dieses über den **Hermesversand**, ✆ 0900/1311211 (€ 0,60/Min.), abgewickelt. Der Versand wird entweder im Zusammenhang mit einer Bahnfahrt durchgeführt oder als eigener Transport – die Abwicklung erfolgt gleich, die Kosten unterscheiden sich jedoch. Der Transport in Verbindung mit dem Kauf einer Bahnfahrkarte (KurierGepäckTicket) kostet im Inland jeweils € 24,10 (für die ersten beiden Fahrräder), € 18,10 (für das dritte und vierte Fahrrad). Wenn Sie das Fahrrad mit dem Hermes-Versand als Privatkunde, also unabhängig von einem Bahnticket verschicken möchten, dann kostet der Versand € 39,90. Für das Versenden von Fahrrädern besteht Verpackungspflicht. Verpackungen werden auf Bestellung zum Preis von € 5,90 mitgeliefert. Die Zustellung dauert zwei Werktage. Der Fahrradversand erfolgt nur von Haus zu Haus, d. h. Sie benötigen sowohl für die Abholung als auch für die Zustellung eine Privatadresse. Falls Sie keine Privatadresse für die Zustellung am Zielort angeben können, dann versuchen Sie es über eine private Fahrradstation vor Ort. Die genauen Zustellzeiten und aktuellsten Preise erfahren Sie auch im Internet unter www.hermes-logistik-gruppe.de unter der Rubrik Paketservice.

Ab dem Frühjahr 2006 gibt es eine weitere Variante des Fahrradversandes. Sie können hier das Fahrrad und auch das Reisegepäck an Ihren Startort hin- und von ihrem Zielort zurücktransportieren lassen. Dieser Service ist nicht ganz billig, noch in der Ausbauphase und funktioniert laut Angaben innerhalb von Deutschland, zwischen Deutschland und Frankreich, Großbritannien, Irland, Italien, Österreich, Portugal, Spanien, Ungarn. Genauere Informationen dazu bzw. Infos zu Preisen erhalten Sie bei: **Bike Packers** in München, ✆ 089/273735-0, www.bikepackers.com.

Rad & Bahn

Entlang der Lahn gibt es von Feudingen, nur einige Kilometer unterhalb der Quelle gelegen, bis hin zur Mündung in den Rhein immer parallel verlaufende Bahnverbindungen. Sie können also jederzeit problemlos auf die Bahn umsteigen. Äußerst attraktiv

Lahn tours

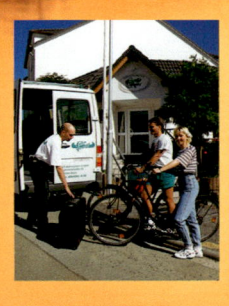

Der Reiseveranstalter für das ganze Lahntal

Radeln und Wandern ohne Gepäck von der Quelle bis zur Mündung
Kanuverleih ab Roth bei Marburg, Dorlar, Wetzlar, Solms-Schohleck, Weilburg, Aumenau, Runkel und Diez mit Personenrücktransfer
Geführte Kanutouren, Gruppenreisen, Incentives
Rad-Shuttle-Service in Aumenau und Diez
Eigene Zeltplätze mit **Indianer-Tipi-Dörfern** in Runkel und Schohleck
Zusammenarbeit mit **über 70 Partnerhotels**

Lahntours-Aktivreisen GmbH
Lahntalstraße 45 ■ 35096 Roth/Lahn
■ Telefon: (0 64 26) 92 80 0, Fax: 92 80 10
■ info@lahntours.de ■ www.lahntours.de

ist die Lahntalbahn zwischen Gießen und Koblenz (625). Wie der Name schon besagt, folgt Sie dem Verlauf der Lahn.

Die Fahrradmitnahme ist in Rheinland-Pfalz, je nach vorhandenen Kapazitäten, wochentags ab 9 Uhr und an Wochenend- und Feiertagen zeitlich unbeschränkt und fast immer kostenlos.

Eine spezielle Broschüre über die Lahntalbahn mit Haltepunkten können Sie beim Lahntal Tourismus Verband e. V. anfordern (Adresse siehe Rubrik Infostellen).

Radverleihstationen:
Insgesamt 180 Vermietstationen der Bahn gibt es in Deutschland derzeit. Sie können entlang der Lahn an folgenden Bahnhöfen ein Fahrrad ausleihen:
Limburg, Fa. Bierbrauer, Diezer Str. 14, ☏ 06431/23353
Niederwalgern, ☏ 06426/92800
Weimar, AG Pro Fahrrad, Goethepl. 9b, ☏ 03643/53130
Wetzlar, Fa. Prophete KG Zweirad-Center, Bahnhofstr. 25, ☏ 06441/42073
Sie sollten sich aber immer im Voraus an der Vermietstation über die Preise und Öffnungszeiten informieren. Zum Mieten eines Fahrrades benötigen Sie einen gültigen Lichtbildausweis und € 125,– für die Kaution. Die Mietgebühren sind teilweise sehr unterschiedlich, sie betragen zwischen € 3,– und € 12,50 pro Tag.

Für sonstige weitere Informationen wenden Sie sich am besten an die Radfahrer-Hotline der Deutschen Bahn AG: ☏ 01805/151415.

Übernachtung
Übernachtungsmöglichkeiten sind entlang der Lahn von der Quelle bis zur Mündung recht gleichmäßig verteilt. Zimmer gibt es generell in ausreichender Zahl, insgesamt ist in den letzten Jahren aber der Andrang sehr groß geworden. Vor allem in der Radsaison, an Wochenenden und den Ferienzeiten kann es leicht zu Engpässen kommen, eine vorherige Reservierung oder Buchung ist daher dringend zu empfehlen.

Mit Kindern unterwegs
Mit Kindern unter 10 Jahren empfehlen wir die Radtour entlang der Lahn nur bedingt, da es bisher immer noch unvermeidbare Wegstrecken auf Hauptverkehrsstraßen zu überwinden gibt. Auch Steigungsstücke lassen sich bei Ihrer Tour leider nicht vermeiden, vor allem auf dem ersten Stück bis Marburg. Andererseits können Sie immer wieder auf den Zug umsteigen und Problemstellen sozusagen umfahren (s. Rad & Bahn).

Rad- und WanderReisen
www.pedalo.com

Ferien mit Ich.
RadReise-Erlebnis im Original.
Ihr Gratis-Katalog liegt bereit.

PEDALO
Rad- und WanderReisen

PEDALO Touristik GmbH
Kickendorf 1a · A-4710 Grieskirchen
Tel.: 00 43 / 72 48 / 63 58 40 · info@pedalo.com

Radreiseveranstalter / Gepäcktransport

Angebote von Pauschalprogrammen im Lahntal mit Gepäcktransport und Leihrad werden z. B. von folgenden Radreiseveranstaltern angeboten:

Austria Radreisen, Joseph-Haydn-Straße 8, A-4780 Schärding/Österreich, ✆ 0043/7712/55110, Fax: 0043/7712/4811, www.austria-radreisen.at, E-Mail: office@austria-radreisen.at
Eurobike, Mühlstraße 20, A-5162 Obertrum am See/Österreich, ✆ 0043/6219/7444, Fax: 0043/6219/8272, www.eurobike.at, E-Mail: eurobike@eurobike.at
Lahntours-Aktivreisen, Lahntalstraße 45, D-35096 Roth/Lahn, ✆ 06426/92800, Fax: 06426/928010, www.lahntours.de, E-Mail: info@lahntours.de
REISE-KARHU Aktivreisen, Bahnhofstr. 14, D-07545 Gera, ✆ 0365/5529670, Fax: 0365/5529671, www.REISE-KARHU.de, E-Mail: info@reise-karhu.de
Mecklenburger Radtour, Zunftstraße 4, D-18437 Stralsund, ✆ 03831/280220, Fax:03831/280219, www.mecklenburgerradtour.de, E-Mail: mecklenburger-radtour@t-online.de
PEDALO Rad- & Wanderreisen, Kickendorf 1a, A-4710 Grieskirchen/Österreich, ✆ 0043/7248/63584, Fax: 0043/7248/635844, www.pedalo.com, E-Mail: info@pedalo.com
Rückenwind Reisen GmbH, Industriehof 3, D-26133 Oldenburg, ✆ 0441/48597-0, Fax: 0441/48597-22, www.rueckenwind.de, E-Mail: info@rueckenwind.de
Velociped Fahrradreisen, Alte Kasseler Straße 43, D-35039 Marburg, ✆ 06421/886890, Fax: 06421/8868911, www.velociped.de, E-Mail: info@velociped.de
Velotours Touristik, Ernst-Sachs-Straße 1, D-78467 Konstanz, ✆ 07531/98280, Fax: 07531/982898, www.velotours.de, E-Mail: info@velotours.de

Zu diesem Buch

Dieser Radreiseführer enthält alle Informationen, die Sie für den Radurlaub entlang der Lahn benötigen: Exakte Karten, eine detaillierte Streckenbeschreibung, ein ausführliches Übernachtungsverzeichnis, Stadt- und Ortspläne und die wichtigsten Informationen zu touristischen Attraktionen und Sehenswürdigkeiten. Und das alles mit der **bikeline**-Garantie: jeder Meter in unseren Büchern ist von einem unserer Redakteure vor Ort auf seine Fahrradtauglichkeit geprüft worden!

Die Karten

Eine Übersicht über die geographische Lage des in diesem Buch behandelten Gebietes gibt Ihnen die Übersichtskarte auf der vorderen inneren Umschlagseite. Hier sind auch die Blattschnitte der einzelnen Detailkarten eingetragen. Diese Detailkarten sind im Maßstab 1 : 50.000 erstellt. Dies bedeutet, dass 1 Zentimeter auf der Karte einer Strecke von 500 Metern in der Natur entspricht. Zusätzlich zum genauen Routenverlauf informieren die Karten auch über die Beschaffenheit des Bodenbelages (befestigt oder unbefestigt), Steigungen (leicht oder stark), Entfernungen sowie über kulturelle und gastronomische Einrichtungen entlang der Strecke. Allerdings können selbst die genauesten Karten

Jetzt Katalog anfordern!

Traumreisen im Fahrradsattel

velociped
Fahr den Urlaub!

Reise-Tipp:
z.B. Lahn, Rhein oder Mosel –
1 Woche Fahrradreise mit Komfort und Gepäcktransport, täglicher Beginn, 24 h hotline, Rücktransfer: € 432,–
Tel. 06421-886890, www.velociped.de

den Blick auf die Wegbeschreibung nicht ersetzen. Komplizierte Stellen werden in der Karte mit diesem ⚠ Symbol gekennzeichnet, im Text finden Sie das gleiche Zeichen zur Kennzeichnung der betreffenden Stelle wieder. Beachten Sie bitte, dass die empfohlene Hauptroute immer in Rot und Violett, Varianten und Ausflüge hingegen in Orange dargestellt sind. Die genaue Bedeutung der einzelnen Symbole wird in der Legende auf Seite 4 erläutert.

Höhen- und Streckenprofil

Das Höhen- und Streckenprofil gibt Ihnen einen grafischen Überblick über die Steigungsverhältnisse, die Länge und die wichtigsten Orte entlang der Radroute. Es können in diesem Überblick nur die markantesten Höhenunterschiede dargestellt werden, jede einzelne kleinere Steigung wird in dieser grafischen Darstellung jedoch nicht berücksichtigt. Die Steigungs- und Gefälleverhältnisse entlang der Route finden Sie im Detail mit Hilfe der Steigungspfeile in den genauen Karten.

Der Text

Der Textteil besteht im Wesentlichen aus der genauen Streckenbeschreibung, welche die empfohlene Hauptroute enthält. Stichwortartige Informationen werden, zum leichteren Auffinden, von dem Zeichen ≈ begleitet.

Unterbrochen wird dieser Text gegebenenfalls durch orange hinterlegte Absätze, die Varianten und Ausflüge behandeln.

Ferner sind alle wichtigen **Orte** zur besseren Orientierung aus dem Text hervorgehoben. Gibt es interessante Sehenswürdigkeiten in einem Ort, so finden Sie unter dem Ortsbalken die jeweiligen Adressen, Telefonnummern und Öffnungszeiten.

Die Beschreibung der einzelnen Orte sowie historisch, kulturell oder naturkundlich interessanter Gegebenheiten entlang der Route tragen zu einem abgerundeten Reiseerlebnis bei. Diese Textblöcke sind kursiv gesetzt und unterscheiden sich dadurch auch optisch von der Streckenbeschreibung.

Textabschnitte in Violett heben Stellen hervor, an denen Sie Entscheidungen über Ihre weitere Fahrstrecke treffen müssen; z. B. wenn die Streckenführung von der Wegweisung abweicht, oder mehrere Varianten zur Auswahl stehen u. ä.

Sie weisen auch auf Ausflugstipps, interessante Sehenswürdigkeiten oder Freizeitaktivitäten etwas abseits der Route hin.

Übernachtungsverzeichnis

Auf den letzten Seiten dieses Radtourenbuches finden Sie zu fast allen Orten entlang der Strecke eine Vielzahl von Übernachtungsmöglichkeiten vom einfachen Zeltplatz bis zum 5-Sterne-Hotel.

Von der Quelle nach Marburg 69 km

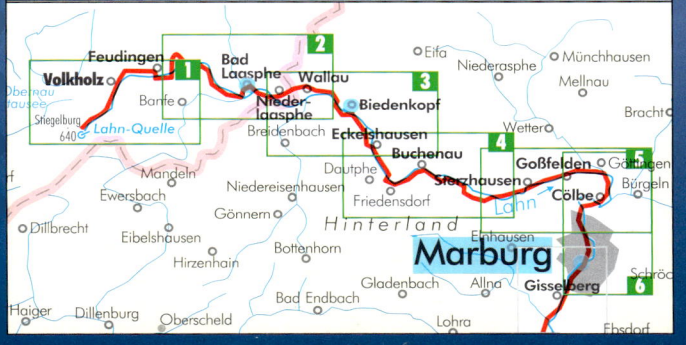

Ihren Ursprung findet die Lahn im Rothaargebirge inmitten stiller Wälder auf sanften Hügeln. Ein Ausflug zur Quelle entführt Sie in eine unberührte Landschaft im waldreichen Herzen Deutschlands. Weiter flussabwärts erwarten Sie schmucke Fachwerkstädtchen wie Bad Laasphe oder Biedenkopf, krönender Höhepunkt ist dann am Ende der ersten Etappe die lebendige Universitätsstadt Marburg.

Die Radroute verläuft auf Radwegen, auf unbefestigten, weitgehend verkehrsfreien Wegen, auf ruhigen asphaltierten Nebenstraßen und selten und auch nur für kurze Stücke auf verkehrsreicheren Straßen. Das ein oder andere Mal müssen Sie mit kurzen Steigungs- und Gefällestrecken rechnen, wenn die Enge des Tales oder stärker befahrene Hauptstraßen die Route zwingt, das Tal zu verlassen.

Von der Quelle nach Feudingen 9,5 km

Tipp: Bei der Lahnquelle haben Sie die Möglichkeit, einen Abstecher zur Siegquelle in der Nähe von Großenbach und zur Ederquelle, dem Startpunkt des Ederauen-Radwegs, zu machen (s. K1). Nähere Informationen hierzu finden Sie im *bikeline-Radtourenbuch Ederauen-Radweg*.

Von der Quelle beim **Lahnhof** links auf die Straße ⮕ in den nächsten unbefestigten Weg erneut links ⮕ zirka 2,5 Kilometer auf einem schlecht befahrbaren Weg ⮕ danach wieder auf Asphalt ⮕ am hübschen Fachwerkensemble des **Jagdhofs Glashütte** entlang nach Volkholz.

Volkholz

Im Ort biegen Sie vor der großen Kreuzung rechts in einen Wirtschaftsweg ⮕ über eine kleine Brücke und nach links weiter ⮕ dem Verlauf des Weges folgen bis zu einem großen Holzhaus linkerhand ⮕ rechts auf den Asphaltweg ⮕ vor dem ersten Haus links weiter.

Feudingen
PLZ: 57334; Vorwahl: 02754

- Heimatmuseum Oberes Lahntal, Schulweg 7, ✆ 8280, ÖZ: jeden 1. So im Monat 14-17 Uhr
- Ilsetal, ein kleines Nebental der Lahn, war schon vor hundert Jahren ein Geheimtipp.
- Fahrrad-Service, Erich Dornhöfer, Im großen Hof, ✆ 1397
- Ralf Sonneborn Fahrräder Verkauf und Service, Sieg-Lahn-Str. 44, ✆ 289
- Freibad

Von Feudingen nach Bad Laasphe 10 km

Vor der Hauptstraße rechts in die Straße **Auf den Weiherhöfen** ⮕ an der nächsten Hauptstraße rechts ⮕ über die Brücke ⮕ an der Straßengabelung links ⮕ an der darauffolgenden Abzweigung erneut links ⮕ die Lahn und die Bahn überqueren ⮕ rechts auf die Hauptstraße.

Bermershausen

In Bermershausen rechts ab ⮕ erneut über Fluss und Gleise ⮕ vor dem Wald links ⮕ hinauf und wieder hinunter zur **Wahlbachsmühle** ⮕ dem Schild in Richtung Bad Laasphe nach rechts folgen ⮕ vor dem Wald wieder links.

Hügelig auf einem unbefestigten, gut befahrbaren Weg am Hang entlang nach Bad Laasphe ⮕ an der Hauptstraße links und über die Gleise ⮕ über die Lahn ⮕ danach rechts auf die Bundesstraße im Verkehr.

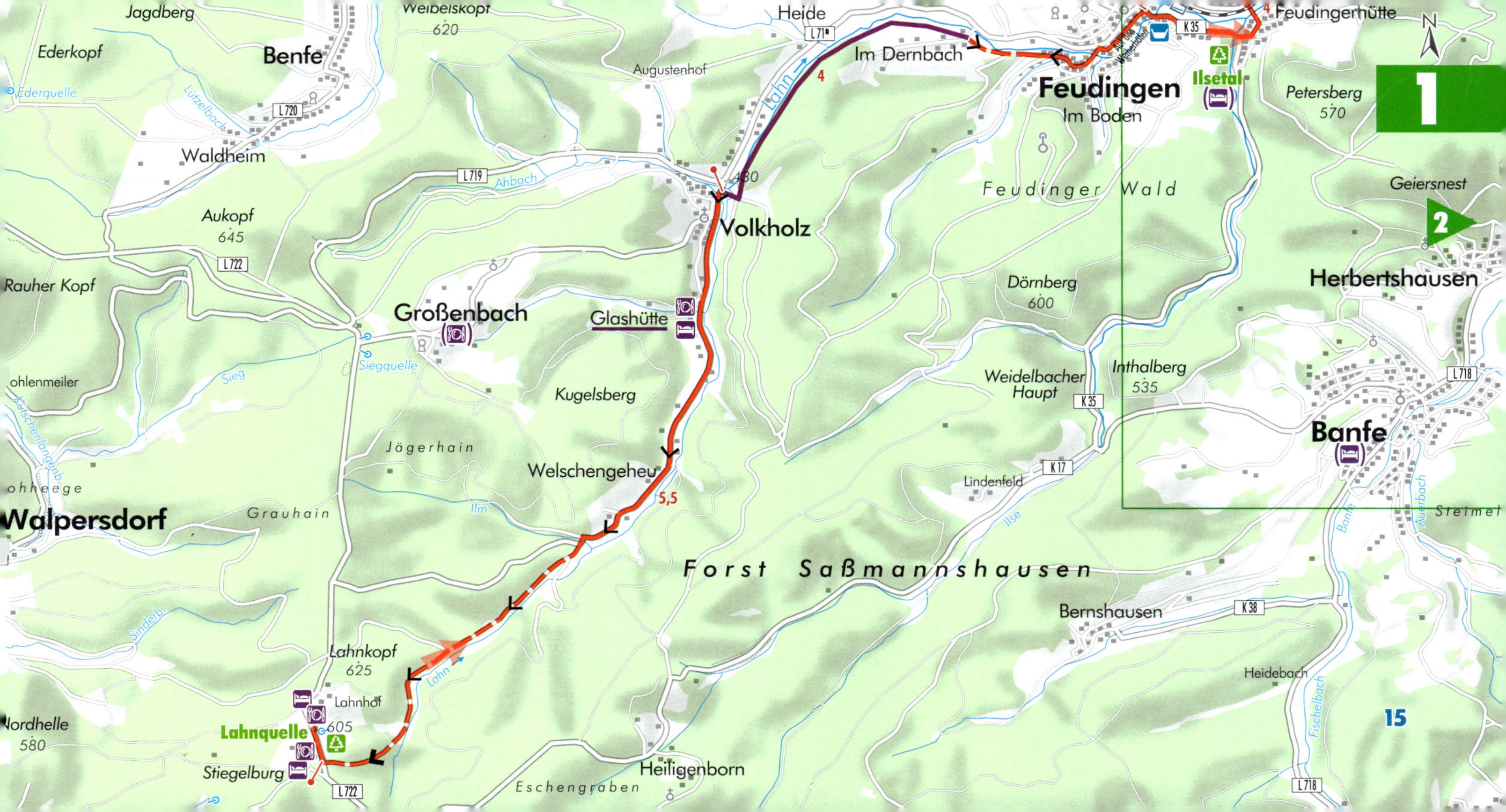
1
2
Jagdberg
Weibelskopf 620
Heide
L 718
Feudingerhütte
Ederkopf
Benfe
Im Dernbach
K 35
Augustenhof
Ederquelle
Lützelbach
L 720
Lahn
4
Feudingen
Ilsetal
Petersberg 570
Im Boden
Waldheim
L 719
Ahbach
430
Feudinger Wald
Geiersnest
Aukopf 645
Volkholz
L 722
Rauher Kopf
Herbertshausen
Dörnberg 600
Großenbach
Glashütte
Siegquelle
Sieg
ohlenmeiler
Inthalberg 535
Weidelbacher Haupt
L 718
K 35
Kugelsberg
Banfe
Jägerhain
Welschengeheu
K 17
Lindenfeld
ohheege
5,5
Ilm
Walpersdorf
Grauhain
Ilse
Banfe
Auerbach
Stelmet
Forst Saßmannshausen
Sinderb.
Bernshausen
K 38
Lahnkopf 625
Lahn
Heidebach
Lahnhof
Nordhelle 580
Lahnquelle
605
Fischelbach
15
Stiegelburg
Heiligenborn
L 722
Eschengraben
L 718

Bad Laasphe
PLZ: 57334; Vorwahl: 02752

- **Touristinformation**, Im Haus des Gastes, Wilhelmspl. 3, ☎ 898, ÖZ: Mi-Fr 13.30-17.30 Uhr, Sa 12-16 Uhr.
- **Pilzmuseum**, Im Haus des Gastes, Info bei der Touristinformation unter ☎ 898, ÖZ: Do, Fr 10-12 Uhr, Mi, Fr 14-17 Uhr, Sa 11-16 Uhr. Weit über 1.000 Ausstellungsstücke heimischer und exotischer Pilze (sog. Pilzexsikkate) sowie naturkundliche und ökologische Hintergründe und Erklärungen bietet dieses in Westeuropa — und vielleicht auch darüber hinaus — einzigartige Museum.
- **Radiomuseum**, Bahnhofstr. 33 (Haus der Jugend), ☎ 9798, ÖZ: Di, Mi, Sa, So, 14.30-17 Uhr. Das weltgrößte Spezialmuseum für Rundfunkempfänger und artverwandte Geräte zeigt die Entwicklungsgeschichte des Radios anhand hunderter funktionstüchtiger, historischer Geräte.
- **Industriemuseum "Trafostation Amalienhütte"**, ☎ 7824, ÖZ: März-Sept., jeden letzten So im Monat u. n. V. Gezeigt wird historisch bedeutsame Elektrotechnik aus den Jahren 1908-24.
- Die **Wittgensteiner Kirchentour** fasst 8 kunsthistorisch bedeutende Kirchen zu einer Besichtigungsrunde zusammen.
- **Schloss Wittgenstein**. Erstmals 1187 erwähnt; die ältesten Gebäudeflügel beziehen z. T. unmittelbar den gewachsenen Fels mit ein. Der Querbau davor beherbergt die Schlosskapelle und den Bildersaal. Die flankierenden Gebäude entstanden 1704 und 1782. Heute beherbergt das Schloss ein privates Internat und steht daher leider nicht zur Innenbesichtigung offen.
- Auf der Bergkuppe hinter dem Schloss finden sich Reste einer **vorgeschichtl. Wallburg aus der La Tene-Zeit** (etwa 500 v. Chr. bis Christi Geburt), der größten Anlage unter zahlreichen ähnlichen Wallburgen der näheren Umgebung.
- **Skulpturen-Spuren**. Sechs international anerkannte Bildhauer erstellten zeitgenössische Skulpturen, die zusammen mit Skulpturen aus den 50er Jahren in einem Rundgang zu erleben sind.
- **Planetenlehrpfad**. Auf 6 Kilometern durch das Modellsonnensystem werden die Ausmaße des Sonnensystems mit den Entfernungen und den Größen der Sonne und ihrer Planeten maßstabsgetreu dargestellt. Infos unter ☎ 20830
- Die besten **Ausblicke über Alt-Laasphe** hat man vom **Steinchen** (einst mit Wartturm versehen) und von der Schlosschaussee am Dillstein.
- Spezialität: **Braunbier** aus der heimischen **Bosch-Brauerei**
- **Wanderhöhepunkte** links und rechts des Rothaarsteigs "Teufelskanzel". Spannende Sagen und Märchen aus dem Wittgensteiner Bergland werden auf dem 12 km langen Wanderweg erzählt.
- **Freibad**
- **Radsport Heimes**, Bahnhofstr. 70, ☎ 9637

Laasphe = Lachswasser. Die keltische Bezeichnung "Lassaffa" für die älteste Siedlung vor Ort (zwischen 780 und 807) legt diese Deutung jedenfalls nahe. Anno 1277 war Laasphe

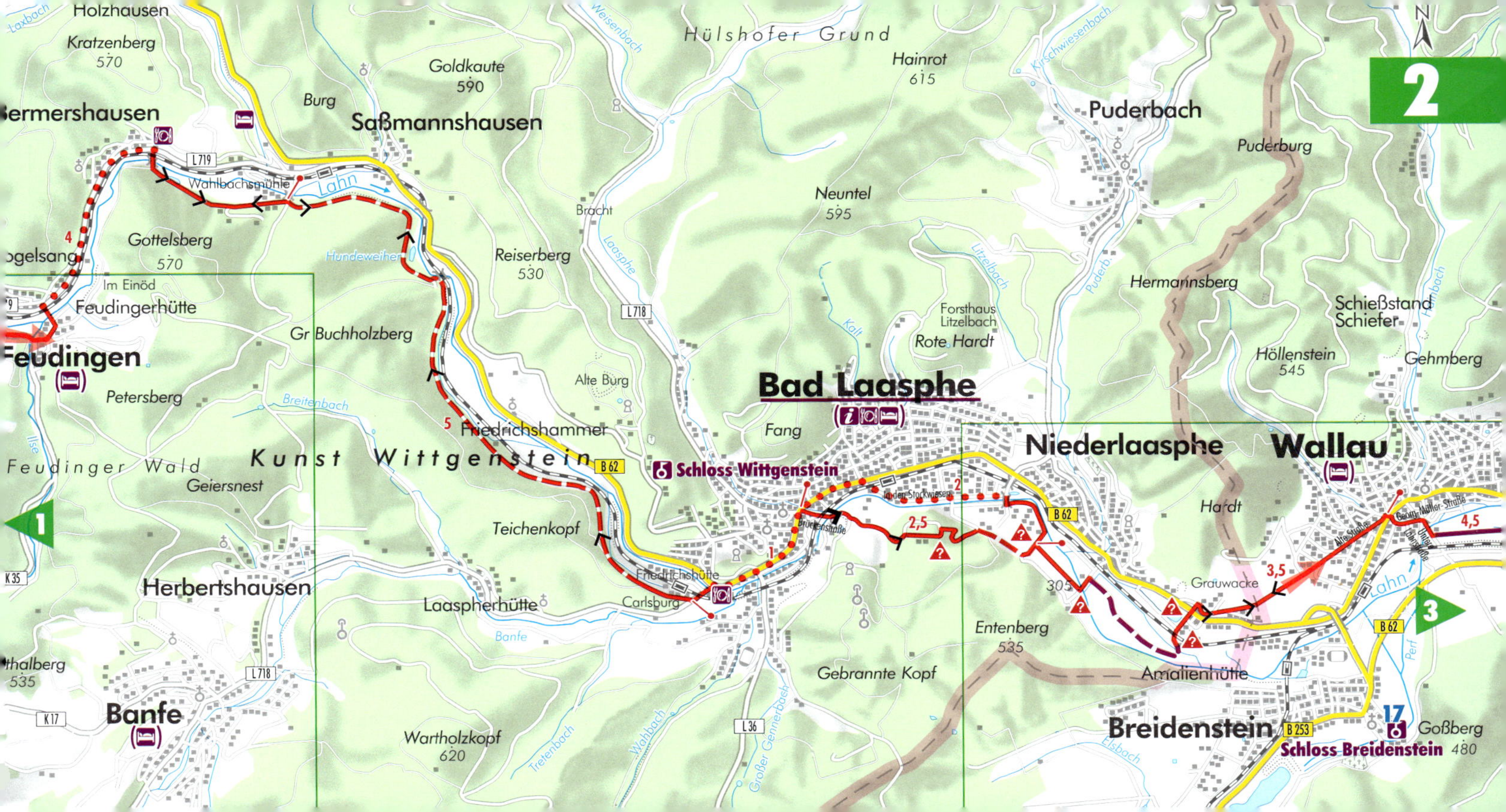

Holzhausen
Kratzenberg
570
Goldkaute
590
Hülshofer Grund
Hainrot
615
2
Burg
Saßmannshausen
Puderbach
Puderburg
L 719
Wahlbachsmühle
Lahn
Neuntel
595
4
Gottelsberg
570
Hundeweiher
Reiserberg
530
Bracht
Laasphe
Litzelbach
Puderb.
Hermannsberg
Im Einöd
Feudingerhütte
Gr Buchholzberg
L 718
Forsthaus Litzelbach
Rote Hardt
Schießstand Schiefer
Höllenstein
545
Gehmberg
Feudingen
Petersberg
Breitenbach
Alte Burg
Bad Laasphe
Fang
5
Friedrichshammer
Niederlaasphe
Wallau
Feudinger Wald
Kunst Wittgenstein
B 62
Schloss Wittgenstein
Geiersnest
In den Stockwiesen
2
Hardt
Brückenstraße
2,5
Teichenkopf
B 62
Georg-Müller-Straße
Alte Straße
4,5
1
Friedrichshütte
3,5
Grauwacke
K 35
Herbertshausen
Carlsburg
Laaspherhütte
305
Lahn
3
Banfe
Entenberg
535
B 62
Amalienhütte
Gebrannte Kopf
535
L 718
K 17
Banfe
Wartholzkopf
620
L 36
Tretenbach
Wahbach
Großer Gennerbach
17
Breidenstein
B 253
Goßberg
Schloss Breidenstein
480
Elsbach
Perf

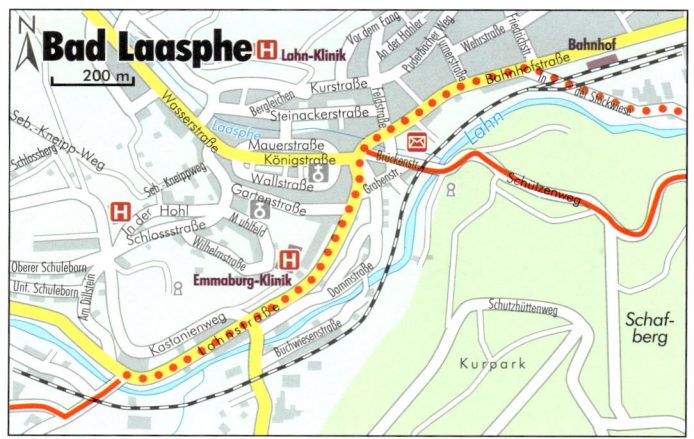

dann schon Stadt, die Rechte dazu bekam es vermutlich bereits um 1240.

Die historischen Gebäude geben unter anderem in der Wallstraße gut wieder, wie einst die ovale, mittelalterliche Stadtmauer verlief, auf deren Resten sie sich zum Teil noch stützen. Interessant ist sicherlich auch die Kirche, die ihre stumpfe Kuppel einem nicht näher bekannten Schaden am spitzen Turm aus der Zeit des Dreißigjährigen Krieges verdankt. In der Kugel darüber sind übrigens Urkunden zum Kirchturmbau eingeschlossen. Der Baustil im Übergang von „schwerer" Romanik zu „leichter" Gotik lässt die Entstehungszeit auf etwa 1250 ansetzen, weshalb jedoch der äußere Bau mit fünf mächtigen Stützpfeilern drei Kirchenschiffe vermuten lässt und im Inneren nur zwei aufweist, bleibt dem Laien unklar.

Der Fachwerkbau im Osten der Kirche diente bis ins 19. Jahrhundert oben als Kirchschule, darunter barg das Gewölbe bis 1948 die Gebeine der Wittgensteiner Grafen.

Die Straßenverhältnisse am mittelalterlichen Ortsrand – die Königstraße diente hauptsächlich als Viehtrift – waren so schlecht, dass sich die Wagen durch den engen Steinweg, die damalige Hauptstraße, quetschen mussten, da nur er (nomen est omen) überhaupt ein Steinpflaster besaß.

Die Ursprünge des Laaspher Fürstenhauses gehen zurück bis etwa 1150, als es die damalige „Grafschaft Stift" zwischen Rothaar und Marburg besaß. Erster Graf auf der Burg „Widekindistein" war demnach Werner von Wittgenstein ab 1174. Als deren Geschlecht 1359 in männlicher Linie ausstarb, übernahm Salentin von Sayn den Grafentitel als Gemahl der Wittgensteiner Erbtochter Adelheid. Daher die Verbindung Sayn-Wittgenstein, zu der noch der Titel des Grafen zu Hohenstein/Harz kam, den Graf Johann VIII. 1653 als Dank für Verdienste bei der Vorbereitung des Westfälischen Friedens verliehen bekam.

Seit 1954 bewohnt die Familie von Sayn-Wittgenstein-Hohenstein das Jagdschloss in Schwarzenau an der Eder. Währenddessen gelangte ab 1904 (Ernennung zum Luftkurort) der Fremdenverkehr in Laasphe zu Bedeutung. Anfangs sogenannte Sommerfrische, wurde es 1960 Kneipp-Kurort und schließlich 1984 amtliches Kneipp-Heilbad Bad Laasphe mit heute etwa 16.000 Einwohnern.

Von Bad Laasphe nach Dautphetal — 19 km

Tipp: An der ampelgeregelten Kreuzung (Wilhelmsplatz) gelangen Sie an ein Radwegschild und fahren hier noch geradeaus. Dann können Sie zwischen zwei Varianten wählen, einer ruhigeren aber anstrengenderen (ohne Beschilderung) oder aber jener durchs Tal mit stärkerer Verkehrsbelastung (mit Beschilderung).

Variante ohne Verkehr — 2,5 km

Für die ruhigere aber anstrengendere Variante rechts in die **Brückenstraße**, eine Spielstraße ~ bergauf und über Gleise ~ in einer Linkskurve zum Parkplatz Kurpark/zur Wendeschleife, dort links auf Asphalt ~ ⚠ oben beim Parkplatz links (kein Schild) ~ steil bergab ~ unten bei der Lagerhalle rechts in den unbefestigten Weg ~ auf Asphalt links bis in die Mitte des Tales ~ ⚠ die Schilder weisen hier kreuz und quer, Sie folgen der S 21 nach rechts.

Variante durch Bad Laasphe — 2 km

Für die Variante durch Bad Laasphe bei der großen Kreuzung bis zum Bahnhof ~ auf der Bundesstraße hier rechts in die Straße **In den Stockwiesen** ~ durchs Gewerbegebiet ~ in der Linkskurve rechts über die Brücke ~ danach gleich wieder links ~ nach einer Rechtskurve in den ersten Weg links.

Tipp: Die beiden Varianten treffen hier wieder zusammen.

⚠ An der T-Kreuzung links über die Brücke ~ in den ersten Weg nach rechts ~ eine starke

Linkskurve ~ ⚠ an der kleinen Kreuzung links halten ~ dann in einem Rechtsbogen ~ bei der **Amalienhütte** über Schienen ~ ⚠ die Bundesstraße überqueren (kein Schild) ~ leicht bergauf und dann rechts ~ über einen Hügel nach Wallau.

Breidenstein

- **Schloss Breidenstein**. Der stattliche Wohnsitz der Freiherrn von Breidenbach zu Breidenstein mit Fachwerk-Obergeschoss und zwei Zwerchgiebeln wurde 1712-14 erbaut. Äußere Befestigungsanlagen sowie die Burgruine im Park hinter dem Schloss stammen von 1394 (nur Außenbesichtigung).
- **Perfstausee**, Baden, Schwimmen, Surfen, ✆ 06461/95010

Wallau

- **Ev. Pfarrkirche**. Mittelalterlicher Westturm mit Rundbogen zum Schiff von 1758. Sehenswerte reiche Kanzel (Mitte 16. Jh.) und Grabdenkmäler der Fam. Breidenbach zu Breidenstein (Ende 16.-18. Jh.).
- **Ev. Fachwerkkapelle Weifenbach**, 17. Jh. mit kräftigem Haubendachreiter.
- **Hallen- und Freibad Wallau**, Hallenbadstr. 6, ÖZ: Mitte Mai-Mitte Sept.

Auf der Hauptstraße, der **Alten Straße**, durch den Ort ~ die B 62 überqueren ~ geradeaus in die **Georg-Müller-Straße** ~ nach rechts in die **Untere Lahnstraße** ~ danach über die Brücke ~ vor der Bahnlinie links.

Auf Asphalt an der **Ludwigshütte** entlang ~ über die Bahn hinüber ~ an der Weggabelung links halten ~ eine Rechts- und daraufhin eine Linkskurve fahren ~ die Bundesstraße unterqueren ~ im weiteren Verlauf entlang der B 62 ~ die Route entfernt sich von der Bundesstraße ~ durch ein kleines Waldgebiet, links die Lahn ~ am Ortsrand von Biedenkopf der Rechtskurve folgen ~ rechts der **Sportplatz**.

Tipp: Links führt die Brücke über die Lahn direkt ins Zentrum von Biedenkopf.

Für die Weiterfahrt geht's an diesem Ufer einfach geradeaus weiter.

Biedenkopf
PLZ: 35216; Vorwahl: 06461

- **Tourist-Information Biedenkopf**, Hainstr. 63, ✆ 95010, ÖZ: Mo-Fr 9-12 Uhr und 14-16 Uhr
- **Hinterlandmuseum** im Landgrafenschloss Biedenkopf, ✆ 924651, ÖZ: 1. April-15. Nov., Di-So 10-18 Uhr. Restaurierte Mauerreste zeugen von einer über 800 Jahre alten Befestigungsanlage als Grenzsicherung der hessischen und thüringischen Landgrafen. Der älteste Teil der heutigen Anlage ist der Bergfried (um 1293). Seit dem 15. Jh. verlor die Burg ihre militärische Bedeutung und wurde nach Bau des Jagdschlosses Katzenbach nur noch als Speicher genutzt. Restauriert 1843-47, ist es seit 1908 Heimatmuseum mit vielfältigen Ausstellungen zu Handwerks- und Industriegeschichte sowie Bauhistorie (Denkmalschutzpreis 1993 des Landes Hessen). Schwerpunkt der Ausstellung sind heimische Trachten.
- **Hospitalkirche**, ✆ 2191, ÖZ: auf Anfrage. Ehem. Hospitalkapelle, erbaut 1417 als Alten- und Siechenstiftung. Der Chor ist einer der letzten Bauten, die unter dem Einfluss der Marburger Elisabethkirche entstanden sind.
- **Stadtkirche**, ÖZ: hintere Türe 9-17 Uhr. Am gotischen Neubau

Niederlaasphe
Wallau
Hardt
Georg-Müller-Straße
Alte Straße
Untere Lahnstraße
B 62
Grauwacke
3,5
4,5
Kleeberg
B 253
Hainbach
Graubach
Heiligenberg
590
Rahnsberg
3
Ludwigshütte
290
Johanisköppe
555
Amalienhütte
Lahn
2
Schloss Breidenstein
Breidenstein
B 253
Großer Kahn
475
Großer Eschenberg
Arennest
590
Roßbach
Perf
Biedenkopf
Goßberg
480
Roßbach
Hof Hachenberg
Hohenstein
Fließbach
Perf-Stausee
Lindenstraße
Landgrafenbuche
Schwanert
520
Hachenberg
550
Mittelhardt
525
Altenberg
505
Am roten Stein
Katzenbach
Heppenberg
Stefansborn
Martinsbach
4,5
B 62
Hausberg
455
Ilmersbach
Schnakenberg
425
Thalenberg
425
Einoth
350
Hoher Stöffel
Gladenbach
Breidenbach
Schwarzenberg
560
Eckelshausen
Kirchstraße
An der Biegenwiese
21
Ellenbach
B 253
Kahn
4
Kombach
Martinswald
B 453
B 62
Vorderer Stöffel
365
Hirschstein

Mo-Fr 14-17.30 Uhr, Sa, So/Fei 11-17.30 Uhr, in den Schulferien Mo-So 11-17.30 Uhr, Info unter ✆ 3778

✺ **Sommerrodelbahn**, Berggaststätte Sackpfeife, ✆ 3779, ÖZ: Mo-So 11-17.30 Uhr

✉ **Lahnauenbad Biedenkopf**, Am Freibad 7, ✆ 2046, ÖZ: Mai-Aug., Mo-Fr 7.30-20 Uhr, Sa, So, 8.30-20 Uhr.

Die Fachwerkstadt Biedenkopf blickt auf eine 700-jährige Geschichte zurück und am besten tut man es ihr darin mit einem Rundblick vom Landgrafenschloss gleich.

Man findet – von oben gesehen, von unten erlebt – lebendige Vergangenheit in romantischen Gassen mit einheitlichem Straßenbild (Stadtgasse, Hintergasse, Mittelgasse, Obergasse, Bei der Kirche, Nonnenberg). Reizvoll bei den Giebelhäusern ist ihre Hanglage: vorn geht der Eingang in den Keller, hinten in den oberen Spitzboden.

Zusammen mit seinen acht Stadtteilen, deren stattliche Fachwerkhöfe und romanische Dorfkirchen sicher einen Besuch wert sind, beherbergt der Luftkurort mittlerweile 15.000 Einwohner.

An der Weggabelung auf der **Lindenstraße** weiter ⟿ unterhalb des Altenheims entlang ⟿ kurvig in den Wald hinauf ⟿ oben angelangt links halten ⟿ bergab ins Tal ⟿ dann an der Gabelung rechts halten ⟿ gleich darauf links in den Weg abzweigen.

Vor den Gleisen rechts und somit parallel zur Bahn ⟿ noch vor der B 62 nach links über die Gleise ⟿ dann über die Lahnbrücke ⟿ danach vor zur B 62 ⟿ hier rechts in den Ort.

Eckelshausen
PLZ: 35216; Vorwahl: 06461

✺ **Schartenhof**, Obere Bergstr. 12, ✆ 2710, ÖZ: Mo-Sa 14-18 Uhr u. n. V. Der restaurierte ehemalige Bauernhof von 1690 beherbergt heute die „Stuwe im Schartenhof" (Galerie - Kunsthandwerk - Puppenatelier). Ebenso ist er Geburtsort und teilweise Veranstaltungsort der „Eckelshausener Musiktage".

⚠ Dann die B 62 nach links in die **Kirchstraße** verlassen ⟿ gleich darauf rechts in die Straße **An der Biegenwiese** ⟿ nach

---

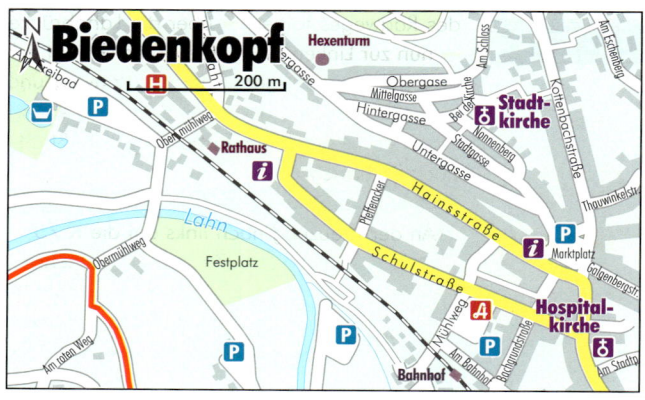

von 1885 liegt an der Nordseite des Chores die Nothgottes-Kapelle von 1415.

✺ **Altes Rathaus**, Stattlicher Fachwerkbau des Zimmermanns Johann Wirth (1732) mit angebautem Brauhaus, in dem die Bürger ihr Bier brauen konnten. Außen sind noch ein Halseisen (Schandring) und die Bögen für die ehemaligen Verkaufsstände zu sehen. Davor befindet sich der mittelalterliche alte Marktbrunnen mit barockem hessischen Löwen, der dem Schloss die Zunge herausstreckt.

✺ **Freizeitpark Sackpfeife**, 674 m Superrutschbahn, ÖZ: April-Okt.,

rund 3,5 Kilometern an der B 62 rechts nach Dautphetal.

Dautphetal
PLZ: 35232; Vorwahl: 06466
- Gemeindeverwaltung, ✆ 9200

Die heutige Gemeinde Dautphetal setzt sich aus 12 kleinen Orten zwischen der wiesenbunten Dautphe, ihrer Mündung in die obere Lahn und vor allem viel, viel Wald zusammen. Laub-, Nadel- und Mischwald in allen Schattierungen bedecken die Täler und Höhen der Hinterländer Bergwelt.

In den einzelnen Dörfern lässt sich zwischen winkligen Gassen und Wehrkirchen, buntem Kratzputz und umgebendem Fachwerk der Giebelhäuser noch mittelalterliche „alte Zeit" erahnen – ob sie immer eine „gute" war, lassen wir einmal dahingestellt.

Von Dautphetal nach Cölbe   24 km

Noch vor den Gleisen und dem Ort **Friedensdorf** nach links auf den Radweg ⮕ nun parallel zu den Gleisen ⮕ bei der zweiten Möglichkeit rechts über die Gleise ⮕ danach gleich links ⮕ abermals über die Bahn ⮕ dann auf die **Carlshütte** zusteuern ⮕ links auf den Radweg entlang der Straße ⮕ in die erste Straße **In Irrlachenfeld** rechts ⮕ an der Bahn entlang nach **Buchenau** ⮕ beim Bahnübergang geradeaus weiter zur Vorfahrtsstraße ⮕ dem Verlauf dieser Straße geradeaus folgen.

Buchenau

Auf der K 22 Richtung **Elmshausen** ⮕ nach zirka 500 Metern von der K 22 nach links auf den neu ausgebauten Radweg abzweigen ⮕ zur Linken die Lahn ⮕ zur Rechten die Kläranlage und zwei kleine Teiche ⮕ hier an der Weggabelung links halten ⮕ dem Verlauf des Radweges folgen ⮕ über die Lahnbrücke ⮕ nun zur Linken die Gleise ⮕ rechts liegt der Campingplatz ⮕ hier endet der Radweg und geradeaus weiter auf der Straße ⮕ immer entlang der Gleise ⮕ nach rechts auf die Straße nach Kernbach.

Kernbach

An der Kreuzung nach links auf die K 75 ⮕ ein Stück entlang der K 75 ⮕ bei der nächsten Gelegenheit links ab ⮕ dem Verlauf der Straße bis zur Weggabelung folgen ⮕ hier links wieder auf die K 75 ⮕ in Caldern an der Vorfahrtsstraße links.

Caldern
PLZ: 35094; Vorwahl: 06420
- Gemeindeverwaltung Lahntal, ✆ 82300
- Heimatmuseum Caldern, ÖZ: unter der Nummer ✆ 6174
- Klosterkirche Caldern

Die Lahn queren ⮕ danach rechts in den asphaltierten Radweg Richtung **Cölbe** ⮕ nach der Unterführung der K 79 nach **Sterzhausen** (Gemeinde Lahntal).

Sterzhausen

Nach den Gleisen rechts in den Dammweg.

23

Caldern

Lahntal
PLZ: 35094; Vorwahl: 06420

- Gemeindeverwaltung Lahntal, ✆ 82300
- Otto-Ubbelohde-Museum, Otto-Ubbelhode-Weg 30, ✆ 06423/964402, ÖZ: Sa, So 11-17 Uhr. Dem Leben und Werk des Malers und Radierers ist im ehemaligen Wohnhaus und Atelier eine Ausstellung gewidmet.
- Gerichtsstätte mit Linde und Gerichtstisch aus Sandstein
- Fahrrad-Service-Station im Backhaus Sarnau

Die Gemeinde Lahntal besteht aus 7 Ortsteilen, die im Zuge der Gebietsreform im Jahre 1974 unter dem Namen „Lahntal" zusammengeschlossen wurden. Eine touristische Attraktion des Ortsteiles Goßfelden ist das Otto-Ubbelohde-Haus. Hier lebte und arbeitete Otto Ubbelohde in der Zeit von 1900 bis 1922, der durch zahlreiche Illustrationen von Kinder- und Hausmärchen der Gebrüder Grimm bekannt wurde.

Die Gemeinde Lahntal ist folglich Mitglied in der Arbeitsgemeinschaft „Deutsche Märchenstraße".

Entlang der Bahngleise auf dem Radweg nach Goßfelden (Gemeinde Lahntal) ⤳ auf der **Bahnhofstraße** parallel zu den Gleisen nach Goßfelden.

Goßfelden

Die L 3381 überqueren ⤳ auf dem Radweg an den Gleisen entlang ⤳ dem Verlauf des Weges in einem Rechtsbogen folgen ⤳ gleich darauf links in den **Ubbelohdeweg** ⤳ auf dem Radweg durch die Felder in die nächste Siedlung.

An der Ortsdurchfahrtstraße links ⤳ in die darauffolgende Straße wieder rechts und auf einen Radweg.

Bei der nächsten Weggabelung erneut rechts ⤳ beim **Bahnhof Sarnau** in einem Linksbogen über die Gleise ⤳ danach rechts ⤳ auf einem schmalen Steg die Bahnbrücke passieren ⤳ direkt bei der Mündung der Wetschaft in die Lahn die Lahn überqueren.

Weiter auf Asphalt immer parallel zur Bahn ⤳ beim Schrebergartenhaus links ⤳ nach dem Zaunende rechts auf einem Betonstreifenweg weiter ⤳ dann nach links den Radweg verlassen ⤳ nach einem Rechtsbogen zur Hauptstraße ⤳ hier rechts auf den Radweg nach Cölbe.

Cölbe
PLZ: 35091; Vorwahl: 06421

- Gemeindeverwaltung Cölbe, Kasseler Str. 88, ✆ 98500
- Ostereierausstellung, ✆ 81234

4

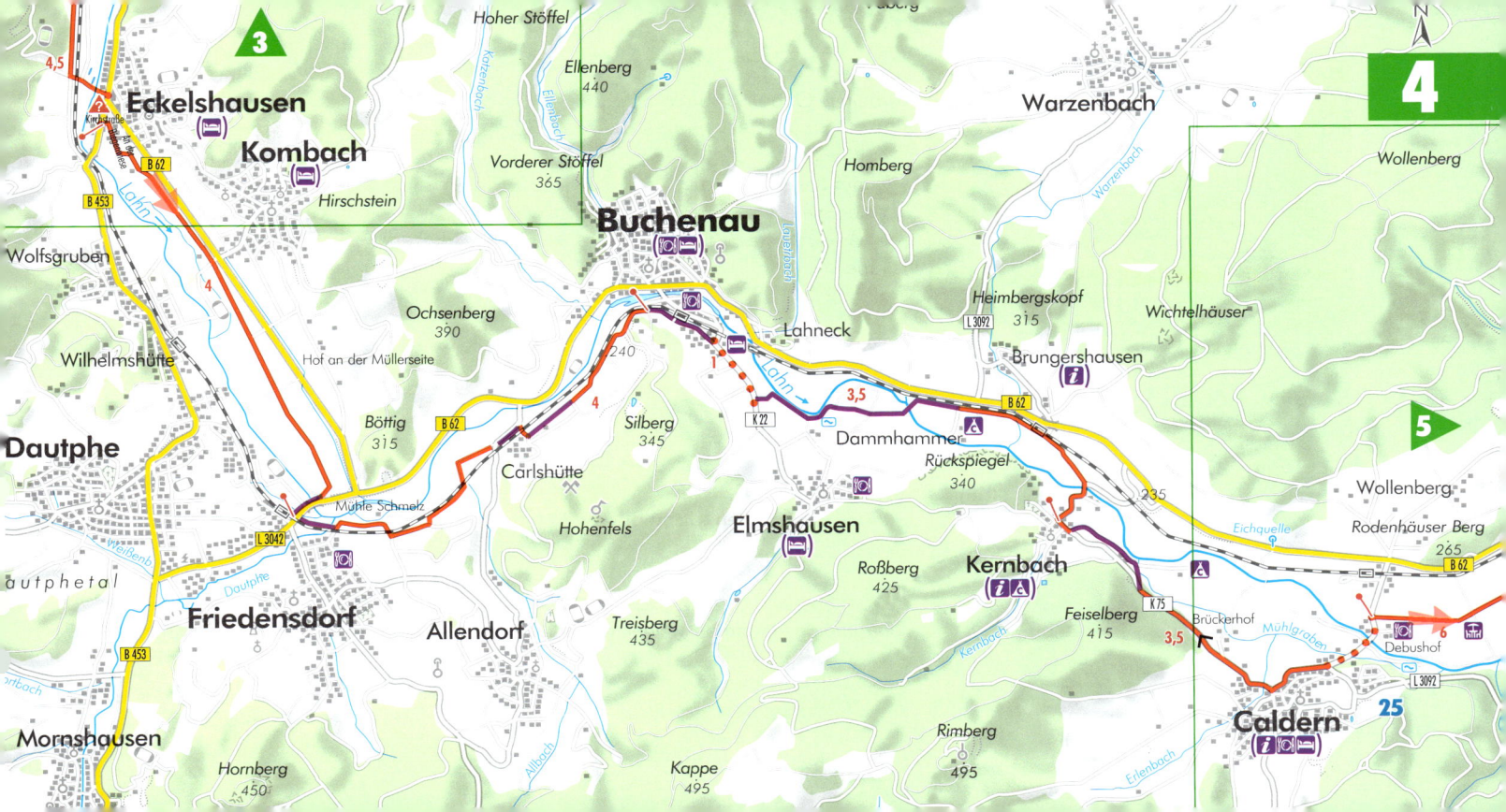

Hoher Stöffel
Faberg
Ellenberg 440
Wollenberg
Eckelshausen
Warzenbach
Kombach
Vorderer Stöffel 365
Hirschstein
Homberg
Wolfsgruben
Buchenau
Wichtelhäuser
Heimbergskopf 315
Wilhelmshütte
Ochsenberg 390
Lahneck
Brungershausen
Hof an der Müllerseite
Dautphe
Böttig 315
Silberg 345
Dammhammer
Wollenberg
Carlshütte
Rückspiegel 340
Mühle Schmelz
Hohenfels
Elmshausen
Eichquelle
Rodenhäuser Berg 265
Roßberg 425
Kernbach
Friedensdorf
Allendorf
Treisberg 435
Feiselberg 415
Brückerhof
Mühlgraben
Debushof
Mornshausen
Hornberg 450
Kappe 495
Rimberg
Caldern
Erlenbach

5

Von Cölbe nach Marburg 6,5 km

Durch Cölbe immer auf dem Radweg entlang der **Kasseler Straße** ↝ dieser wechselt die Straßenseite und führt dann von der Hauptstraße weg ↝ der Rad- und Fußweg endet bei der **Alten Kupferschmiede** auf Kopfsteinpflaster ↝ rechts auf die asphaltierte Straße ↝ im Linksbogen unter der Bundesstraße hindurch ↝ an der größeren Querstraße geradeaus in die Straße **Im Schwarzenborn** ↝ an der T-Kreuzung weist das große Radschild links auf den Radweg ↝ beim „Vorfahrt achten" den Radweg nach rechts verlassen ↝ gleich darauf wieder rechts ↝ zwischen den Sportplätzen hindurch ans Ufer der Lahn ↝ am Ufer der Lahn durch Marburg.

Tipp: Ein Steg führt ans andere Ufer und bringt Sie zur Uferstraße, Ecke Wolfstraße. Einen Abstecher ins Zentrum der verwinkelten Fachwerkstadt sollten Sie sich nicht entgehen lassen.

Marburg
PLZ: 35039; Vorwahl: 06421

Marburg Tourismus und Marketing GmbH, Pilgrimstein 26, ✆ 99120, ÖZ: Mo-Fr 9-18 Uhr, Sa 10-14 Uhr.

Kindheits- und Schulmuseum, Barfüßertor 5, ✆ 24424

Ubbelohde-Zeichnungen, Landratsamt, Im Lichtenholz 60. Die Originalzeichnungen des Marburger Malers Otto Ubbelohde aus der Erstausgabe der Grimm'schen Märchenbücher vermitteln, wie neben dem Text auch die Bilder den Handlungsort der Märchen ins Hessische verlegen.

Universitätsmuseum für Bildende Kunst, Biegenstr. 11, ✆ 2822355

Universitätsmuseum für Kulturgeschichte im Landgrafenschloss, ✆ 2822355, ÖZ: April-Okt.: Di-So 10-18 Uhr, Nov.-März: Di-So 11-17 Uhr.

Universitätsmuseum für Mineralogie, ✆ 2822244

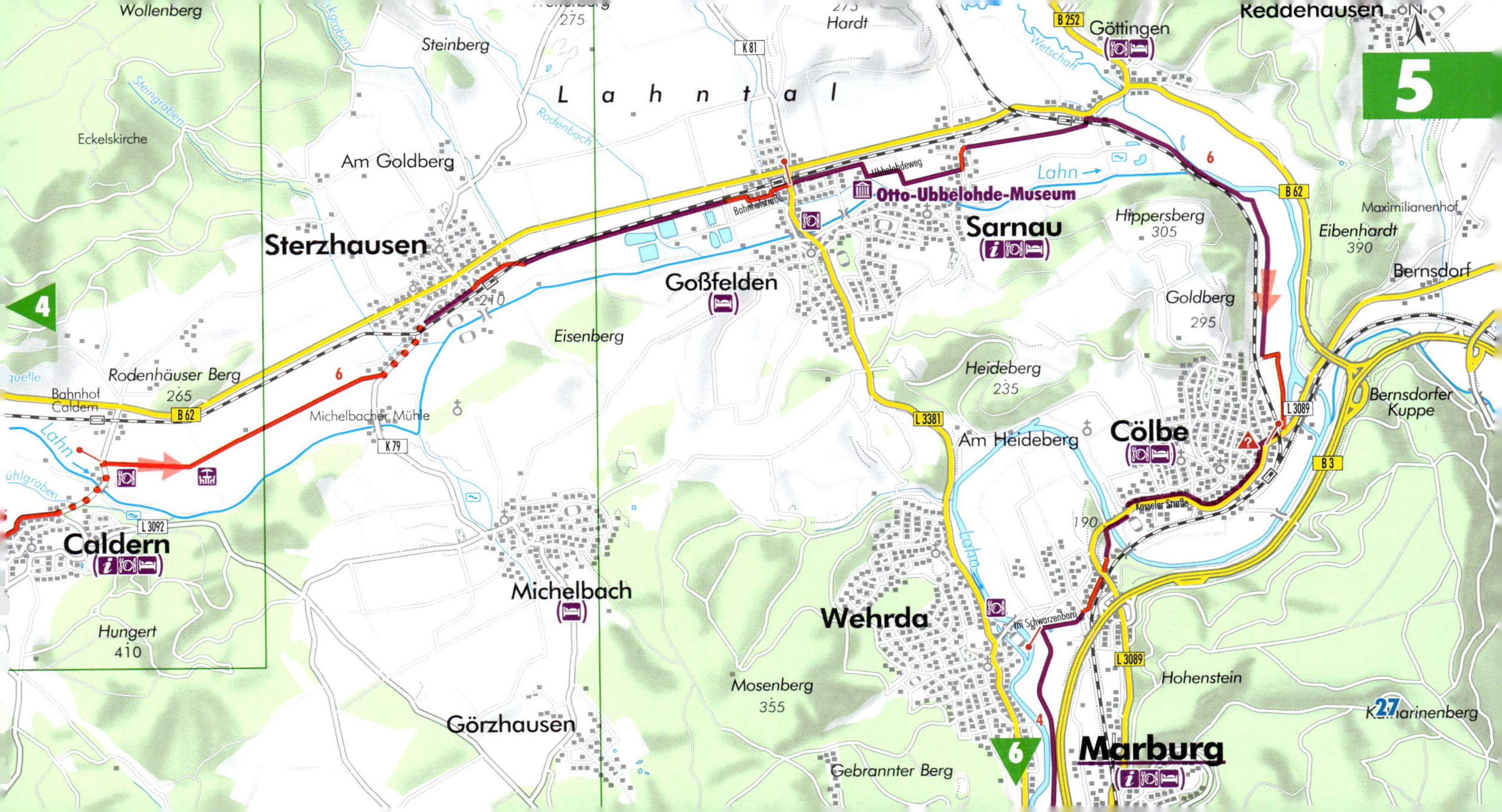

5
4
6
Lahntal
Sterzhausen
Goßfelden
Sarnau
Otto-Ubbelohde-Museum
Caldern
Michelbach
Görzhausen
Wehrda
Cölbe
Marburg
Göttingen
Reddehausen
Bernsdorf
Bernsdorfer Kuppe
Wollenberg
Steinberg
Hardt
Eckelskirche
Am Goldberg
Rodenhäuser Berg
265
Bahnhof Caldern
Michelbacher Mühle
Eisenberg
Hungert
410
Mosenberg
355
Gebrannter Berg
Heideberg
235
Am Heideberg
Goldberg
295
Hippersberg
305
Eibenhardt
390
Maximilianenhof
Hohenstein
Katharinenberg
27
Lahn
Wetschaft
Rodenbach
Steingraben
B 62
B 252
B 3
K 81
K 79
L 3092
L 3381
L 3089
Ubbelohdeweg
Bahnhofstraße
Kasseler Straße
Im Schwarzenborn
210
190
275

🏛 **Universitätsmuseum für Religionskunde**, ✆ 2822480

🏛 **Universitätsmuseum für Völkerkunde**, ✆ 2823111

⛪ **Elisabethkirche**, ✆ 65373, ÖZ: April-Sept., Mo-So 9-18 Uhr, Okt., Mo-So 9-17 Uhr, Nov.-März, Mo-Sa 10-16 Uhr, So ab 11.15 Uhr. 1235-83 über dem Grab der Hl. Elisabeth errichtet, war dies einer der ersten reingotischen Sakralbauten Deutschlands und lange Zeit stilbestimmend im weiten Umkreis (Hochaltar (1290), gotische Glasmalereien, Mausoleum und Schrein der Hl. Elisabeth).

⛪ **Lutherische Pfarrkirche St. Marien**, ✆ 164446, ÖZ: Mo-So 9-17 Uhr, Führungen: n. V.

Hotel-Restaurant »Carle«

Ronhäuser Str. 8, 35043 Marburg-Cappel
Tel: 06421 94930, Fax: 06421 9493930
Info@Hotel-Carle.de / www.Hotel-Carle.de

EZ und DZ in verschiedenen Kategorien,
Restaurant mit nationaler Küche, Gartenterrasse

Bootsanlegestelle unter der alten Weidenhäuser Brücke

🏰 **Landgrafenschloss**, ✆ 2825871, ÖZ: April-Okt., Di-So 10-18 Uhr, Nov.-März, Di-So 10-16 Uhr. Führungen auf Anfrage Die Krone Marburgs mit über 1.000 Jahre altem Ursprung: Dieser für Deutschland sehr bedeutende Profanbau der Gotik ist weniger als Residenz der hessischen Landgrafen als durch das dortige „Marburger Religionsgespräch" der führenden Reformatoren — unter ihnen auch Huldrych Zwingli und Martin Luther — im Jahre 1529 unter Philipp I. von Hessen berühmt geworden.

✱ **Rathaus**, (1512-1527) spätgotischer, ehrgeiziger Bürgerbau.

✱ **Aula der Alten Universität**, Lahntor 3, Eingang Reitg., Führungen nach Vereinbarung unter ✆ 99180

✱ **Kasemattenanlagen**, Führungen: April-Okt. Sa 15.15 Uhr ab Schloss, Haltestelle Linie 16, Anmeldung für Gruppen ✆ 99180

✱ **Der Marktfrühschoppen** lockt traditionell am ersten Sonntag im Juli tausende auf den Platz vor dem Rathaus.

✱ **Flohmarkt am Steinweg** zwischen Elisabethkirche und Oberstadt, jeden ersten Samstag im Monat

✱ **Sport und Freizeitbad Aquamar**, Sommerbadstr. 41, ✆ 309784-0. ÖZ: Hallenbad und Sauna täglich von 10-22 Uhr geöffnet.

🌳 Genießen Sie die grüne Idylle im **Alten Botanischen Garten** mitten in der Stadt am Pilgrimstein und im **Neuen Botanischen Garten** auf den Lahnbergen, Karl-v.-Frisch-Str. (Führungen n. V. ✆ 2826777).

🚲 **Fahrräder Velociped**, Weidenhäuser Str. 64, ✆ 24121

🚲 **Velociped Fahrradreisen**, Alte Kasseler Str. 43, ✆ 886890

Bei 19.000 Studenten unter 78.000 Einwohnern ist das Verhältnis zwischen „Eingeborenen" und den vielen Studierenden zwiespältig. Die Unruhe und Bewegung mit jedem neuen Semester ist zwangsläufig, doch die Stadt lebt gut von den wissensdurstigen jungen Leuten und verdankt auch ihnen ihren Charme. Hunderte Kneipen und verschiedenste Restaurants sowie anspruchsvolle Kinoprogramme und Buchhandlungen an jeder Ecke zeugen davon – und außerdem ist die Universität der größte Arbeitgeber weit und breit ...

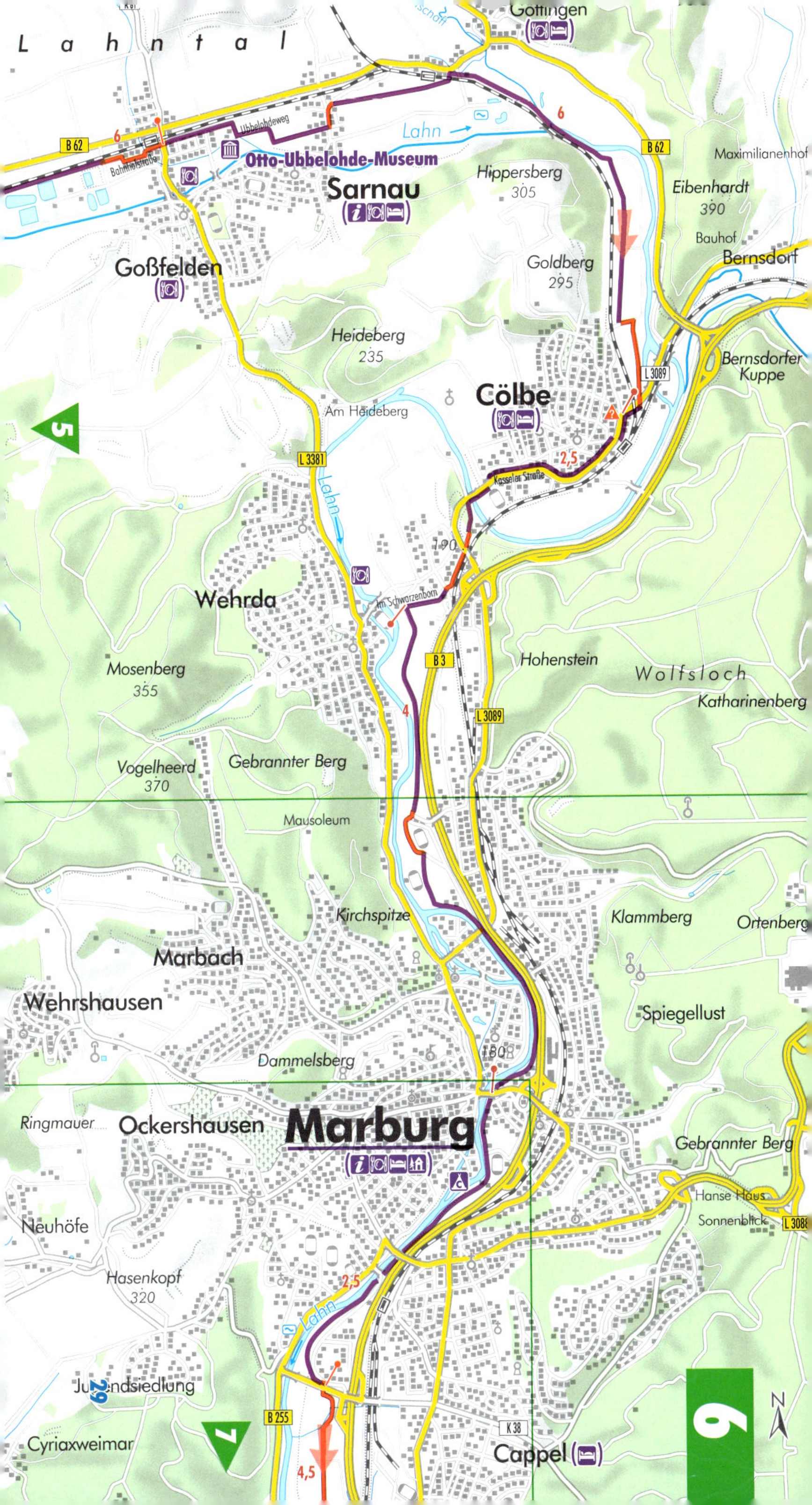

Lahntal
Göttingen
Maximilianenhof
Eibenhardt
390
Bauhof
Bernsdorf
Bernsdorfer Kuppe
B 62
6
Lahn
Ubbelohdeweg
Bahnhofstraße
Otto-Ubbelohde-Museum
Sarnau
Hippersberg
305
Goldberg
295
Goßfelden
Heideberg
235
L 3089
Cölbe
Am Heideberg
2,5
Kasseler Straße
L 3381
190
Im Schwarzenborn
Wehrda
B 3
Hohenstein
Wolfsloch
Katharinenberg
L 3089
Mosenberg
355
4
Vogelheerd
370
Gebrannter Berg
Mausoleum
Kirchspitze
Klammberg
Ortenberg
Marbach
Wehrshausen
Spiegellust
Dammelsberg
180
Ringmauer
Ockershausen
Marburg
Gebrannter Berg
Hanse Haus
Sonnenblick
L 3088
Neuhöfe
Hasenkopf
320
2,5
Jugendsiedlung
29
B 255
K 38
Cyriaxweimar
7
5
Cappel
4,5
6
N

Marburg – Hotel „Zur Sonne" (1600) und Fachwerkhaus 16. Jh am historischen Marktplatz

Marburg

Neben einem Besuch dieser ältesten protestantischen Universität Europas (gegr. 1527) steht in der Fachwerkstadt noch so einiges auf dem Pflichtprogramm:

Die Landgräfin (und später Heilige) Elisabeth von Thüringen richtete hier, nachdem sie als sehr fromme Witwe vom lebenslustigen Hof auf der Wartburg vertrieben worden war, das Franziskushospital zur Pflege der Alten und Kranken ein. Nur vier Jahre nach ihrem frühen Tod mit 24 Jahren wurde sie heiliggesprochen und über ihrem Grab mit dem Bau der Elisabethkirche begonnen (s. u.).

Trotz vielleicht müder Radlerbeine empfiehlt sich unbedingt ein eigenfüßiger Aufstieg durch die engen Gassen zur Oberstadt. Den neuen Lift von Pilgrimstein aus benutzt man dann eher für den Rückweg – falls einem der Kirschwein, der in den urigen Studenten-Kneipen ausgeschenkt wird, zu Kopfe steigen sollte. Das geschlossene Fachwerkensemble z. B. des Obermarktes macht deutlich, weshalb die Marburger Altstadtsanierung, ein hunderte Millionen verschlingendes Jahrhundertprojekt, bis weit über Landes- und Bundesgrenzen hinaus Anerkennung findet.

Auch der gemütliche Stadtteil Weidenhausen, der ehemalige Wohn- und Arbeitsort der Lohgerber, unten am Fluss, ist mit seiner Fußgängerzone voll origineller kleiner Läden und Kneipen ein Beispiel für bereits erfolgreiche Altstadtsanierung. (Weiteres zum Thema Fachwerk lesen Sie bei Wetzlar, einem weiteren Berührungspunkt der Deutschen Fachwerkstraße mit der Lahn.)

Nicht nur die Deutsche Fachwerkstraße sondern auch die Deutsche Märchenstraße schließt die Stadt Marburg – als Studienort der Gebrüder Grimm – mit ein. Für Interessierte empfiehlt sich das gleichnamige **bikeline-Radtourenbuch** für eine Radreise auf den Spuren der Märchen zwischen Hanau, Marburg, Kassel und Bremen.

Die Märchenforscher und -sammler Grimm erhielten von einer Frau aus dem Marburger Elisabeth-Hospital nicht nur die danach veröffentlichten Geschichten „Aschenputtel" und „Der goldene Vogel", sondern auch diese über den Bau der Elisabethkirche:

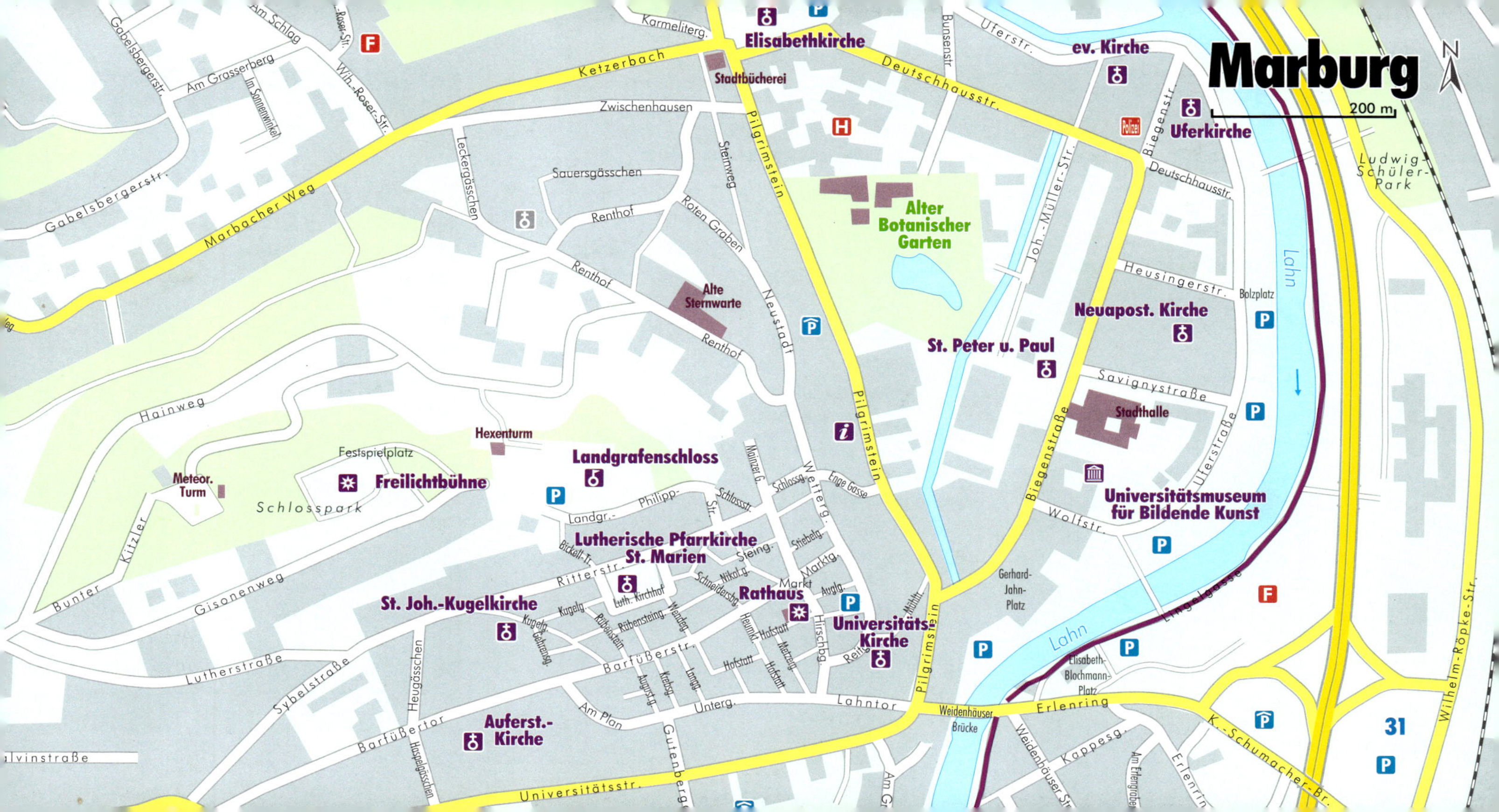
Marburg
200 m
N
Elisabethkirche
Stadtbücherei
ev. Kirche
Uferkirche
Polizei
Ludwig-Schüler-Park
Alter Botanischer Garten
Alte Sternwarte
St. Peter u. Paul
Neuapost. Kirche
Stadthalle
Hexenturm
Festspielplatz
Meteor. Turm
Freilichtbühne
Schlosspark
Landgrafenschloss
Lutherische Pfarrkirche St. Marien
Luth. Kirchhof
St. Joh.-Kugelkirche
Rathaus
Markt
Universitäts-Kirche
Universitätsmuseum für Bildende Kunst
Auferst.-Kirche
Bolzplatz
Gerhard-Jahn-Platz
Elisabeth-Blochmann-Platz
Weidenhäuser Brücke
Lahn
Karmeliterg.
Am Schlag
Roser-Str.
Wilh.-Roser-Str.
Gabelsbergerstr.
Am Grasserberg
Im Sonnenwinkel
Ketzerbach
Zwischenhausen
Deutschhausstr.
Bunsenstr.
Uferstr.
Biegenstr.
Leckergässchen
Sauersgässchen
Steinweg
Pilgrimstein
Marbacher Weg
Renthof
Roten Graben
Neustadt
Joh.-Müller-Str.
Heusingerstr.
Savignystraße
Biegenstraße
Uferstraße
Wolfstr.
Hainweg
Kitzler
Bunter
Gisonenweg
Landgr.-Philipp-Str.
Schlossstr.
Mainzer G.
Schlossg.
Wetterg.
Enge Gasse
Bickell-Tr.
Ritterstr.
Steing.
Stebelg.
Marktg.
Nikol.g.
Schneidersg.
Auglg.
Mühltr.
Kugelg.
Rübensteing.
Wendeg.
Heumkt.
Hofstatt
Metzerg.
Hirschbg.
Reitg.
Lutherstraße
Sybelstraße
Heugässchen
Barfüßerstr.
Augustg.
Krebsg.
Langg.
Unterg.
Lahntor
Erlenring
Am Plan
Barfüßertor
Haspelgässchen
Gutenberg
Universitätsstr.
Am Gr.
Weidenhäuser Str.
Kappesg.
Am Erlengraben
K.-Schumacher-Br.
Lingelgasse
Wilhelm-Röpke-Str.
lvinstraße

Wohin die Kirche gebaut werden soll

Die (heilige) Elisabeth hatte schon bald den Entschluss gefasst, in Marburg eine Kirche erstehen zu lassen – so will es die Legende. Tatsächlich hat sie in erster Linie ein Hospital bauen wollen und auch lassen, das im 13. Jahrhundert unweigerlich mit einer Kapelle verbunden war.

Und dieses stand ja tatsächlich an der Stelle der heutigen Elisabethkirche. Auf der Suche nach einem geschickten Platze erstieg sie einst – nach langem Hin und Her – einen Gipfel hoch über der Stadt mit prächtigem Blick weithin über die schöne Gegend.

Noch heutzutage wird dieser Berg aus diesem Grunde „Kirchspitze" genannt. Doch er selbst war als Bauplatz ebenso ungeeignet wie alle anderen Orte, die sie bis dahin in Betracht gezogen hatte. In ihrer Not verfiel sie dem Gedanken, den höchsten Herrn selbst die Wahl treffen zu lassen. Ein großer runder Stein sollte von der Kirchspitze aus hinabgerollt werden, und wo er liegenbliebe, würde der rechte Ort sein. Gesagt getan.

Holterdipolter zog der Stein einen weiten Bogen ins Tal hinab, holterdipolter der Lahn entgegen, weiter und immer weiter, bis er schließlich mitten im Moor steckenblieb. Auch wenn Elisabeth es nicht mehr erleben durfte, so wurde doch an eben diesem Orte später die Kirche errichtet. Es wurde ein schwieriges Unterfangen, mit unzähligen Baumstämmen im Sumpf einen Grund zu schaffen. Doch wie man heut noch sieht, erhoben sich schon bald die Pfeiler und Gewölbe des Gotteshauses prächtig darauf empor.

Von Marburg nach Wetzlar   54 km

Nachdem Sie das bunte Treiben in den verwinkelten Gassen Marburgs hinter sich gelassen haben, verändert sich die Landschaft. Die Hänge werden flacher und Badeseen locken im Hochsommer den müden Radler ins kühle Nass. Das Landschaftsbild gestaltet sich im nun weiten Lahntal eher ländlich, die Fahrt führt durch eine fruchtbare Ackerlandschaft. Ganz im Kontrast dazu steht die attraktive Stadt Gießen und ein ganz besonderes Kleinod stellt das Endziel der Etappe dar, die Fachwerkstadt Wetzlar.

Die Route verläuft im zweiten Abschnitt zum Großteil auf ruhigen Nebenstraßen oder verkehrsfreien Wirtschaftswegen. Von Steigungen bleiben Sie auf diesem Streckenabschnitt übrigens vollkommen verschont.

Von Marburg nach Giessen 34 km

Vor der großen Querstraße rechts ab zum Ufer ~ unter der schönen **Sandsteinbrücke** hindurch ~ durch ein **Hochwassertor** und gleich wieder rechts ~ immer so nah wie möglich beim Fluss halten ~ der Radweg wird straßenbegleitend ~ es folgt eine weite Linkskurve und danach rechts abzweigen ~ nach der Unterführung links.

Immer dem Asphaltband folgen ~ ⚠ nach dem Linksknick an der Kreuzung rechts ~ an der nächsten Abzweigung links ~ unter der Bahn hindurch ~ vor der Autobahnunterführung rechts ~ in einem Rechtsbogen Richtung **Gisselberg** ~ noch vor der Bahnlinie links zum **Weimarer See** ~ um das Haus herum zu den Gleisen zurück ~ am **Strandbad/Seepark** vorüber.

Tipp: In Höhe der Brücke können Sie links nach Niederweimar (Hotel) abbiegen.

Die Hauptroute verläuft geradeaus weiter.

Weimar
PLZ: 35096; Vorwahl: 06421

Seepark Niederweimar

- **Nehemühle und alte Kirche** (11. Jh.), Wolfshausen
- **Wehrkirche Niederwalgern**
- **Synagoge Roth**
- **Kanuverleih**, Ortsteil Roth, ✆ 06426/92800
- **Badesee Niederweimar**, Schwimm-, Surf- und Angelmöglichkeiten, Surfschule, Rutschbahn und Spielbereich für Kinder, Wasserskiseilbahn, ✆ 12345 od. 972370, Gastronomie.

Obwohl erst seit 1974 eine eigene Großgemeinde, besitzen die 12 Dörfer Weimars doch eine lange Geschichte.

Allna, Kehna und Oberweimar sind sogar bereits seit der Völkerwanderung urkundlich. Die mittelalterliche Kleinstaaterei, die sich bis in die lokale Ebene hinein auswirkte, wird deutlich an der Aufteilung der Dörfer: Das Gericht Reizberg umfasste Allna, Oberweimar, Wolfshausen, Kehna, Niederwalgern, Weiershausen, Nesselbrunn und Germershausen. Das „Schenkisch Eigen" in der Lahnaue bestand aus Roth, Wenkbach und Argenstein mit seiner alten Zwillingswassermühle.

Dazwischen lag eingeschlossen das landgräfliche Eigengericht Niederweimar, sowie am Rande Stedebach, eine Besitzung des Deutschen Ordens. Heute genießen beinahe 7.400 Einwohner die Ruhe und Beschaulichkeit der kleinen Dörfer unweit der quirligeren Unistädte Gießen und Marburg.

Einfach dem kurvigen Verlauf des Radweg folgen ~ an der T-Kreuzung endet der Radweg ~ hier links ab Richtung Argenstein.

Argenstein

- **Argensteiner Mühle.** Ihren Ursprung hat sie bereits im 14. Jh., seit 300 Jahren gehört sie ein und derselben Müllersfamilie, noch immer wird die Mühle durch die Kraft der mächtigen unterschlächtigen Zwillingswasserräder betrieben.

In Argenstein bei der ersten Möglichkeit rechts abbiegen ~ nach links fahren und

Marburg
Neuhöfe
Wüstung Allershausen
Neinstraße
6
Hasenkopf 320
Jugendsiedlung
Cappel
2,5
4,5
B 255
Lahn
Martinsberg 260
Cyriaxweimar
Haddamshausen
Jugendlager
Schneiße 325
Hainskirche
B 3
Gisselberg
Kirchberg 270
L 3387
Weimarscher Kopf 305
Germershausen
Mühlenberg 255
Niederweimar
Heidenkopf 280
Oberweimar
Weimar
Ronhausen
Auf dem Joch
L 3093
Wenkbach
Neh-Mühle
Neh-Brücke
4
Rothlauf 290
Nikolausberg
170
Argenstein
Argensteiner Mühle
Niederwalgern
Wehrkirche
Wolfshausen
Synagoge
Roth
Lahnberge
Herchenberg
4,5
Lahn
Geiersberg
Rote Mark 250
Holzhausen
Galgenberg 210
35
L 3048
7
N
8
Fronhausen

Freizeitgebiet Weimarer See

dann wieder rechts ⟿ danach abermals links und rechts ⟿ **Roth** ist die nächste Ortschaft.

Roth
PLZ: 35096; Vorwahl: 06426

Lahntours Aktivreisen GmbH, Lahntalstrasse 45, ☎ 92800, www.lahntours.de

Hier gerade aus weiter und die Landstraße überqueren ⟿ an einem Sägewerk vorüber ⟿ nach 400 Metern rechts ⟿ dann wieder links ⟿ weiter bis zur Landstraße ⟿ dort rechts ⟿ nach der kleinen Brücke links die erste Straße nach Fronhausen ⟿ ⚠ nach dem Links- und Rechtshaken an der Weggabelung links halten ⟿ geradeaus über die Landesstraße.

Fronhausen

In Fronhausen links in den **Stöcksweg** aus dem Ort hinaus ⟿ an der ersten Kreuzung links ⟿ an der darauffolgenden rechts ⟿ an der T-Kreuzung links ⟿ durch die Bahnunterführung ⟿ an der Landesstraße links einbiegen ⟿ die nächsten 2 Kilometer bis nach Odenhausen im Verkehr.

Salzböden
ℹ Romanische „Bilderbuchkirche" mit verschiefertem Obergeschoss und erkerumgebenem steilen Keildach.

Odenhausen
ℹ Romanische Kirche in Basilikaform mit bemerkenswerten Emporenbildern von 1711.

Auf der Hauptstraße durch den Ort ⟿ in der Linkskurve auf die K 26 abzweigen ⟿ am Festplatz vorüber ⟿ die Lahn überqueren ⟿ nach der Linkskurve rechts auf den schmalen Weg ⟿ an der Lahn entlang ⟿ weiter in die Straße **Am Bahndamm**.

Ruttershausen
ℹ Laubverpackte spätgotische Kirche mit Glocken von 1310,

Fronhausen

1380 und 1432 im breiten Turm und wertvoller Ausstattung aus verschiedenen Epochen.

Rechts über die Brücke auf die **Mittelgasse** ⟿ nach der Brücke in die **Hintergasse** ⟿ fahren Sie die **Untergasse** entlang bis Sie an die L 3059 stoßen ⟿ hier links ⟿ die Brücke überqueren ⟿ vor zur **Marburger Straße** ⟿ hier rechts ⟿ geradeaus zur **Bahnhofstraße**.

Lollar
PLZ: 35457; Vorwahl: 06406

ℹ **Stadtverwaltung**, Holzmühler Weg 76, ☎ 9200

✱ Die älteste und größte in Hessen bestehende **Arbeitersiedlung** „Kolonie" von vor dem Ersten Weltkrieg zieht am Nordausgang

36

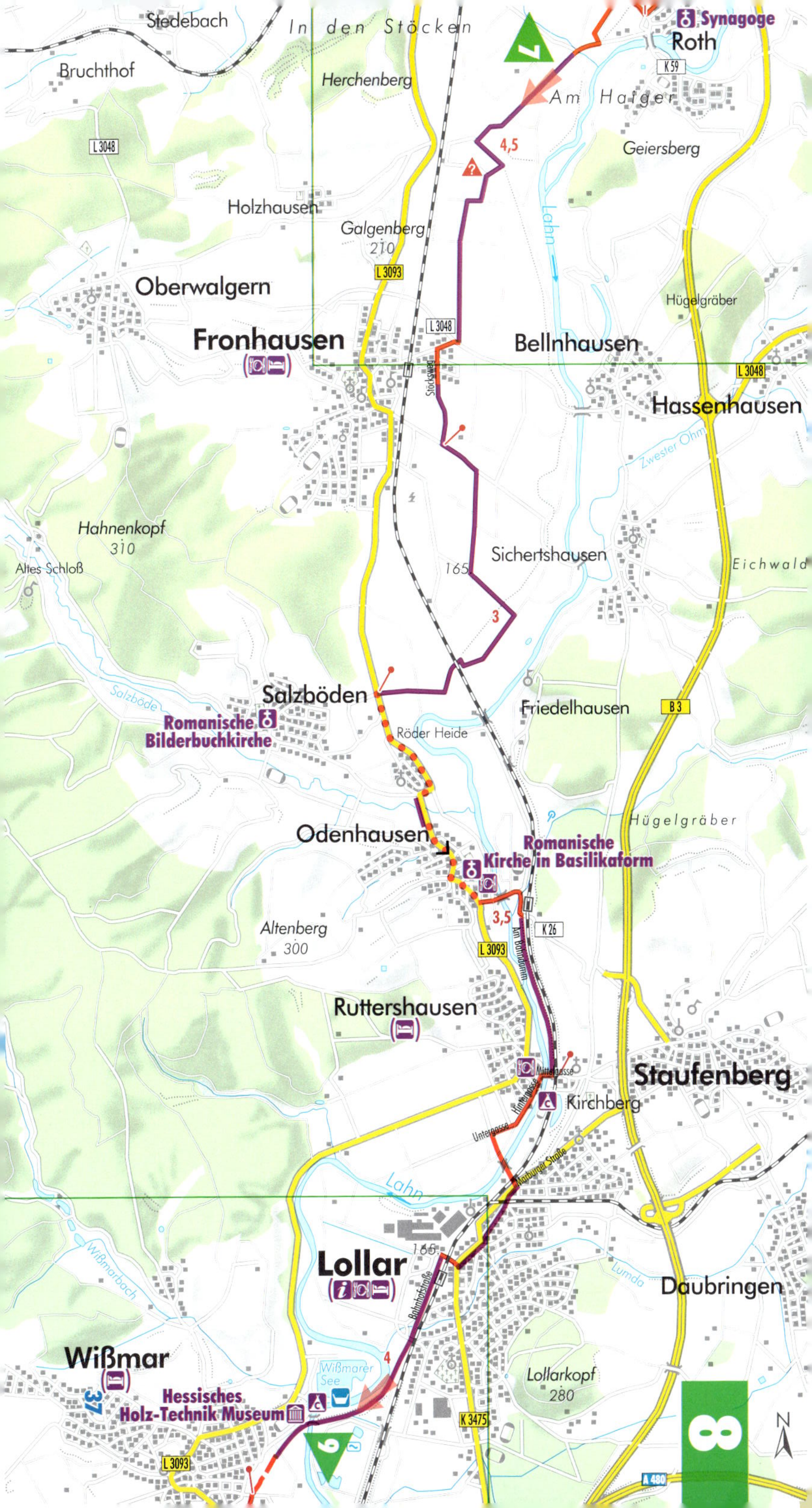

Synagoge
Roth
7
Stedebach
In den Stöcken
Bruchthof
Herchenberg
Am Haiger
Geiersberg
4,5
Holzhausen
Galgenberg
210
Lahn
Oberwalgern
Hügelgräber
Fronhausen
Bellnhausen
Stocksweg
Hassenhausen
Zwester Ohm
Hahnenkopf
310
Altes Schloß
Sichertshausen
165
Eichwald
3
Salzböde
Salzböden
Friedelhausen
Romanische Bilderbuchkirche
Röder Heide
Hügelgräber
Odenhausen
Romanische Kirche in Basilikaform
3,5
Am Bahndamm
Altenberg
300
Ruttershausen
Mittelgasse
Hintergasse
Untergasse
Kirchberg
Staufenberg
Marburger Straße
Lahn
Lollar
165
Bahnhofstraße
Lumda
Daubringen
Wißmarbach
Wißmar
37
4
Wißmarer See
Hessisches Holz-Technik Museum
Lollarkopf
280
9
8
N
L 3048
L 3093
B 3
K 26
K 59
K 3475
A 480

der Stadt mit ihrer interessanten Häuseranordnung die Blicke auf sich.

✉ **Waldschwimmbad**, Schwimmbadstr. 13, ✆ 75217, ÖZ: 15. Mai-15. Sept., Mo-So 9-20 Uhr.

Die Stadt Lollar mit ihren rund 10.000 Einwohnern liegt 7 Kilometer nördlich der Universitätsstadt Gießen. 1972 wurden die Stadtteile Odenhausen, Ruttershausen und Salzböden eingegliedert und seit 1974 darf Lollar sich stolz als Stadt bezeichnen.

Urkundlich wurde der Ort erstmals 1242 erwähnt, lediglich die Sprachforscher schließen aus der Endsilbe „-lar" auf eine erste Siedlung bereits vor dem 6. Jahrhundert. Der erste wesentliche wirtschaftliche Aufschwung der Gemeinde erfolgte im 18. Jahrhundert, und zwar mit der Genehmigung zur Erhebung eines Brückenzolls im Jahr 1711.

Das Wappen der Stadt Lollar zeigt Pferdekopf, Brücke und Münze, denn Pferdemärkte und der von 1711-1811 erhobene Brückenzoll waren neben Vorspanndiensten am Hang und anderen Hilfen für die reisenden Fuhrleute die Einnahmequellen des Ortes. Eine weitere bedeutende wirtschaftliche Entwicklung brachte die Gründung der Hedwigshütte im Jahr 1854 durch Justus-Kilian mit sich. Diese wurde 1861 von Buderus erworben, der Gichtturm ist die letzte Erinnerung an die Buderus'schen Hochöfen.

Wichtiger positiver Entwicklungsfaktor für die heutige Stadt Lollar war natürlich auch der Bau der Main-Weser-Eisenbahn, im Jahr 1850 schon rollte der erste Zug durch Lollar. Zum Symbol der Stadt wurde der „Schmaadlecker" ernannt, ein Lausebengel, der heute als Bronzefigur ein Brunnenbecken der Stadt ziert.

Rechts in die **Bahnhofstraße** und ihrem Verlauf nach links folgen ∼ bevor die Bahnhofstraße eine Rechtskurve macht, links auf den kleinen Weg ∼ dieser führt über die Lahn.

Wettenberg-Wißmar
PLZ: 35435, Vorwahl: 0641

🏛 **Hessisches Holz-Technik Museum**, Im Schacht 6, Wettenberg-Wißmar. Genauere Informationen erhalten Sie unter ✆ 06406/8307400.

Noch vor der Ortschaft links ab zum Erholungsgebiet Wißmarer See ∼ vor dem Campingplatz vorüber ∼ beim Sportplatz links ∼ an der asphaltierten Straße geradeaus ∼ weiter bis zur Vorfahrtsstraße, hier links ∼ an der zweiten Abzweigung bei der Scheune rechts ∼ an der Hauptstraße den Schildern nach Gießen folgen ∼ gleich darauf wieder rechts.

An der nächsten Weggabelung rechts ∼ der Weg wird unbefestigt ∼ sobald Sie auf Asphalt treffen, links halten und die Autobahn überqueren ∼ beim **Parkplatz vom Silbersee** an der Schranke vorüber ∼ immer der Lahn entlang.

Am Männerbadeverein vorüber ∼ ⚠ an einer Kreuzung weist der Pfeil missverständlicherweise nach rechts, Sie wenden sich hier jedoch

Lollar
Wißmarer See
Erdental
8
Wißmar
Hessisches Holz-Technik Museum
L 3093
L 2475
Homberg
275
K 394
Alte Schanze
Badenburg
Inselweg
Wettenberg
Krofdorf-Gleiberg
Launsbach
K 3499
Bindböhl
L 3045
L 3093
-Gleiberg
Lahn
Silbersee
160
K 25
B 429
4
Wieseck
Bismarckturm
Hardt
205
L 3047
Bieber
Uferstraße
Heuchelheim
Wilhelmstraße
3,5
L 3047
Neues Schloss
Gießen
2,5
Kroppb.
0,5
10
1,5
1,5
L 3359
B 49
5
Universität
L 3131
Kleinlinden
L 3451
39
Am Bergwerkswald
Oberhof
Allendorf
L 3475
9

nach links ↝ weiter geht's auf der Uferstraße ↝ am Ende der Anliegerstraße rechts ↝ am griechischen Restaurant vorüber ↝ danach links in die **Schützenstraße** ↝ an der Hauptstraße links auf den Radweg bis zum Übergang ↝ die Straße queren und geradeaus in die **Schlachthofstraße**.

Tipp: Zur Linken liegt das Zentrum der Stadt Gießen.

Gießen
PLZ: 35390; Vorwahl: 0641

- Stadt- und Touristikinformation, Berliner Pl. 2, ✆ 19533
- Forum Gießen, Berliner Pl. 1, wechselnde Kunstausstellungen.
- Kunsthalle Gießen, Berliner Pl. 2, wechselnde Ausstellungen.
- Liebigmuseum, ✆ 76392. Das Originallabor Justus von Liebigs gehört weltweit zu den 5 wichtigsten Museen seiner Art.
- Oberhessisches Museum, ✆ 306 u. 2477. Bestehend aus den drei Häusern: Leib'sches Haus (Stadtgeschichte und Volkskunde), Wallenfels'sches Haus (Vor- und Frühgeschichte) und Altes Schloss (Gail'sche Sammlung).
- Mathematikum, Liebigstr. 8, ✆ 9697970, ÖZ: Mo-Fr 9-18 Uhr, Do -20 Uhr, Sa, So, Fei 10-19 Uhr. Mathematische Experimente in hoher Qualität und Vielfalt. Weltweit erstes Mathematik-Mitmachmuseum.

- Klosteranlage Schiffenberg, ✆ 490444. Ehem. Augustiner Chorherrenstift aus dem 12. Jh.
- Neues Schloss, als Fachwerkbau erbaut 1533 im Übergang von der Gotik zur Renaissance, heute Universitätsgebäude.
- Burgruine Badenburg
- Der **Gießener Kunstweg** verbindet die Gebäudekomplexe von Philosophikum I und II der Justus-Liebig-Universität und umfasst mittlerweile 14 sehr unterschiedliche Kunstwerke im Kontext der umgebenden Landschaft und Architektur.
- Botanischer Garten, der älteste seiner Art in Deutschland, angelegt um 1609.

Nachdem bereits die heutigen Ortsteile Wieseck und die Wüstungen Selters und Ursenheim 775 urkundlich erwähnt wurden, erfolgt die Grundsteinlegung der Universitätsstadt an der Wasserburg „Zu den Giezzen" um 1150 im Mündungsgebiet der Wieseck in die Lahn. Dafür ist sie bereits weniger als 100 Jahre später, um 1248, als Stadt bezeugt und bekommt 1442 das Recht, jährlich zwei Jahrmärkte abzuhalten. Bedeutend bis heute ist die Gründung der lutherischen Universität – als Gegengewicht zur reformierten Universität Marburg – am 19. Mai 1607 durch ein Privileg von Kaiser Rudolf II.

An dieser Universität unterrichteten unter anderem Justus von Liebig von 1824 bis 1852 und Wilhelm Conrad Röntgen von 1879 bis 1888. Beerdigt wurde letzterer 1923 auf dem Alten Friedhof der Stadt. Weitere Prominente Gießens sind der 1826 hier geborene Wilhelm Liebknecht, Mitbegründer der SPD, und Georg Büchner, der auf der Badenburg 1833/34 die Schrift „Der Hessische Landbote" verfasste.

Eine Kuriosität begab sich am 1. Januar 1977, als Gießen mit Wetzlar und 14 weiteren Gemeinden zur neu gegründeten Stadt

Gießen
200 m
N
Messeplatz
Neuap.-Kirche
St. Albertus-Kirche
J. F. Kennedy-Platz
Amtsgericht
Landgericht
Landgr.-Philipp-Platz
Altes Schloss
Botanischer Garten
Hessenhalle
Kongresshalle
Mathematicum
Bahnhof
Alter Friedhof
Lahn
Rodheimer Straße
Heuchelheimerstraße
Gabelsbgr. Straße
Krofdorfer Straße
Schützenstraße
Kropbacher Weg
Grüner Weg
Holzweg
Mohrung Weg
Schießgärten
Herderweg
Hardtallee
August-Balzer-Weg
Lehmweg
Schlachthofstr.
Lahnstraße
Am Güterbahnhof
Bahnhofstraße
Alicenstraße
Liebigstraße
Frankfurter Straße
Wilhelmstr.
Bonifatiusweg
Wetzlarer Weg
Westanlage
Südanlage
Nord-anlage
Ostanlage
Marburger Straße
Steinstr.
Gartfeld
Schillerstraße
Dammstraße
Steinstraße
Asterweg
Walltorstraße
Wetzsteinstr.
Lindenpl.
Marktlaubenstr.
Kirchpl.
Marktpl.
Schlossg.
Senckenbergstr.
Landgrafenstr.
Brandg.
Braug.
Gutfleischstraße
Ringallee
Wiesenstraße
Hint. d. Ostanl.
G.-Schlosser-Straße
Neustadt
Pfarrgarten
Löberhof
Burgstr.
Schulstraße
Mühlstraße
Marktstr.
Kreuzpl.
Sonnenstr.
Schanzenstr.
Bahnhofstr.
Kaplansg.
Neuenweg
Neuen Bäue
Katharinengasse
Walkeng.
Selterseweg
Reichensand
Plockstr.
Johannesstraße
Goethestr.
Berliner Pl.
Ludwigsplatz
Moltkestr.
Roonstraße
Gr. Steinweg
Grünberger Straße
Licher Straße
Gutenbergstr.
Eichgärtenallee
Eichgarten
Wolfstraße
Pestalozzistraße
Fröbelstr.
Walltorstr.
Nahrungsberg
Bismarckstr.
Löberstraße
Ludwigstr.
Lonystraße
Bleichstraße
Gartenstraße
H.-Heck-
Stephanstraße
Keplerstraße
Bruchstraße
Lessing
Hessenstraße
An Steins Garten
Alfred-Bock-Straße
Am Rothstraße

Gießen

Lahn, der damit jüngsten Großstadt Deutschlands, kam. Dieser Rekord währte jedoch nur zweieinhalb Jahre lang, da Lahn am 31. Juli 1979 wieder aufgelöst und Gießen wieder selbstständig wurde.

Von Gießen nach Wetzlar 20 km

Auf der **Schlachthofstraße** Gießen verlassen ⤳ kurz vor der vierspurigen B 429 links auf einen unbefestigten Radweg.

Tipp: Bei der Lahn angelangt, können Sie nun zwischen zwei Möglichkeiten wählen: entlang der vierspurigen Bundesstraße vorbei an einigen Seen gibt es die Möglichkeit, sich bei einem erfrischenden Bad zu erholen. Die andere Möglichkeit zeichnet sich durch landschaftliche Schönheit und reizvolle Ortschaften aus. Die beiden Strecken des Lahntalradweges sind ausgeschildert, wobei die Route durch Heuchelheim als offizielle Strecke des Lahntalradweges gilt. Diese beiden Routen treffen in (Lahnau) Dorlar wieder aufeinander.

Über die Badeseen nach Dorlar 6,5 km

Für die kürzere Strecke den Schildern im spitzen Winkel zur Bundesstraße hinauf folgen ⤳ über die Brücke und auf der anderen Seite wieder hinunter ⤳ weiter an der stark befahrenen Straße entlang ⤳ an der Querstraße geradeaus zu den Badeseen.

Immer parallel zur Bundesstraße am **Campingplatz** vorüber ⤳ an der ersten Querstraße geradeaus ⤳ der Straße folgend von der B 49 entfernen ⤳ bei der **Neumühle** links ⤳ an der größeren Straße rechts über die Brücke nach Lahnau (Dorlar) ⤳ von der **Wetzlarer Straße** links in die **Hinterstraße**.

Tipp: Hier schließt die Variante wieder an die offizielle, beschilderte Hauptroute an.

Für die offizielle Wegführung auf unbefestigtem Weg der Lahn entlang ⤳ an der kleinen Asphaltstraße links halten und somit zur Landesstraße ⤳ hier rechts auf den straßenbegleitenden Radweg ⤳ zirka nach 250 Metern links über Bieberbach auf den Fuß- und Radweg der **Bachstraße**, welche geradeaus in die **Kirchstraße** mündet.

Heuchelheim
PLZ: 35452; Vorwahl: 0641

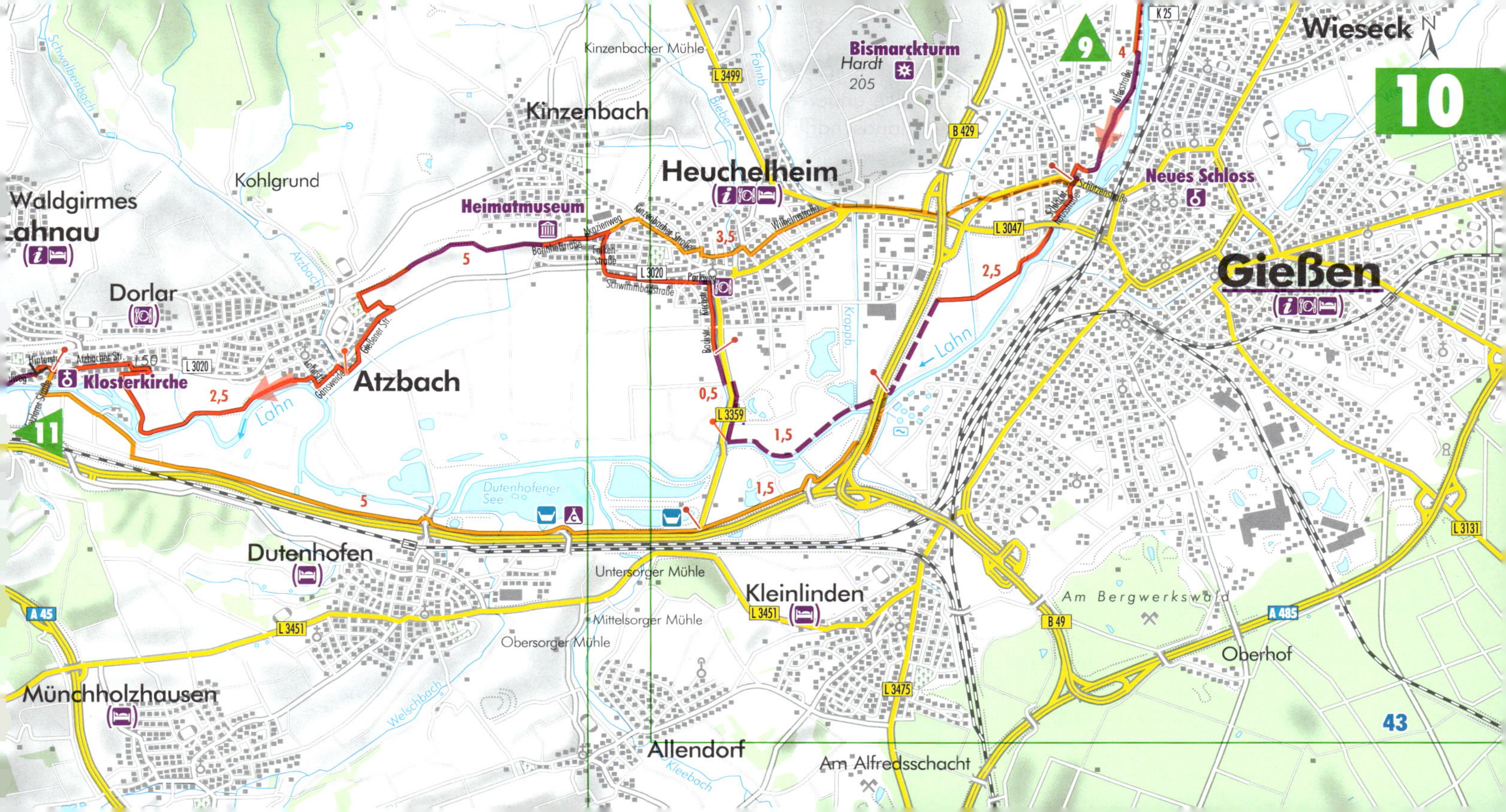

10
9
11
Wieseck
Bismarckturm
Hardt
205
Kinzenbacher Mühle
Kinzenbach
Heuchelheim
Kohlgrund
Waldgirmes
Lahnau
Heimatmuseum
Neues Schloss
Gießen
Dorlar
Atzbach
Klosterkirche
Lahn
Dutenhofener See
Dutenhofen
Untersorger Mühle
Mittelsorger Mühle
Obersorger Mühle
Kleinlinden
Am Bergwerkswald
Oberhof
Münchholzhausen
Allendorf
Am Alfredsschacht
Schwalbenbach
Atzbach
Bieber
Fohnb.
Kroppb.
Welschbach
Kleebach
L 3499
B 429
L 3047
L 3020
L 3359
L 3451
L 3475
L 3131
B 49
A 45
A 485
K 25
Wilhelmstraße
Kinzenbacher Straße
Akazienweg
Bahnhofstraße
Falkenstraße
Schwimmbadstraße
Parkweg
Kirchstr.
Badstr.
Gießener Str.
Gänseweide
Lahnstr.
Atzbacher Str.
Hinterstr.
Schützenstraße
Uferstraße
5
3,5
2,5
0,5
1,5
4
150
43

- **Gemeindeverwaltung**, Linnpfad 30, ✆ 6002-0, ÖZ: Mo-Fr 8-12 Uhr, Do 14-18 Uhr
- **Heimatmuseum**, im Bahnhof Kinzenbach, ✆ 61759 (Herr Winter), ÖZ: Mi 15-17 Uhr, So 10-12 Uhr.
- **Martinskapelle**
- **Wasserskianlage**
- **Zweirad-Bepler**, Kreuzgasse 4, ✆ 62742

Fahren Sie nach links in den **Parkweg** danach geradeaus auf der **Schwimmbadstraße** an der Kreuzung geradeaus über die **Marktstraße** in die **Falkenstraße** dann links in den **Akazienweg** die **Bahnhofstraße** mündet in einen Radweg, dessen Verlauf Sie folgen an der Weggabelung links immer geradeaus bis nach Atzbach.

Atzbach

Am Ortsbeginn links am Friedhof vorüber danach links und wieder rechts nach rechts auf die **Gießener Straße** diese macht eine Rechtskurve hier nach links in die **Hofstatt**, welche in die **Gänsweide** mündet rechts in die **Lahnstraße** links auf den Weg, welcher entlang der Lahn nach Dorlar, einem Ortsteil von Lahnau, führt.

Dorlar

In der Ortschaft rechts ab nächste Straße links die Straße **In den Weinbergen** mündet in die **Atzbacher Straße** hier links.

Lahnau

PLZ: 35633; Vorwahl: 06441

- **Gemeindeverwaltung**, Rathausstr. 1, ✆ 96440, OT Dorlar
- **Heimatmuseum**, Friedenstr. 20/22, ✆ 64522, OT Waldgirmes
- **Klosterkirche Dorlar**
- **Römisches Forum** (Ausgrabung), OT Waldgirmes
- **Fahrradshop Schön**, Rodheimer Str. 453, ✆ 63930, OT Waldgirmes
- **Hallenbad**, Geraberger Pl. 2, ✆ 61602, OT Waldgirmes

Die **Atzbacher Straße** geht in die **Wetzlarer Straße** über geradeaus in die **Hinterstraße**.

Tipp: Die Variante und die offizielle Hauptroute vereinen sich hier an dieser Stelle.

Hier rechts in den **Mühlweg** auf dem Radweg an der Lahn entlang die Autobahn unterqueren bei der Bahnunterführung weiter am Fluss entlang dem Asphaltband folgen nach rechts abzweigen vor der Autobahnbrücke der A 45 links auf den Radweg.

In Höhe der nächsten Autobahnunterführung nach links auf diesem Weg zu den

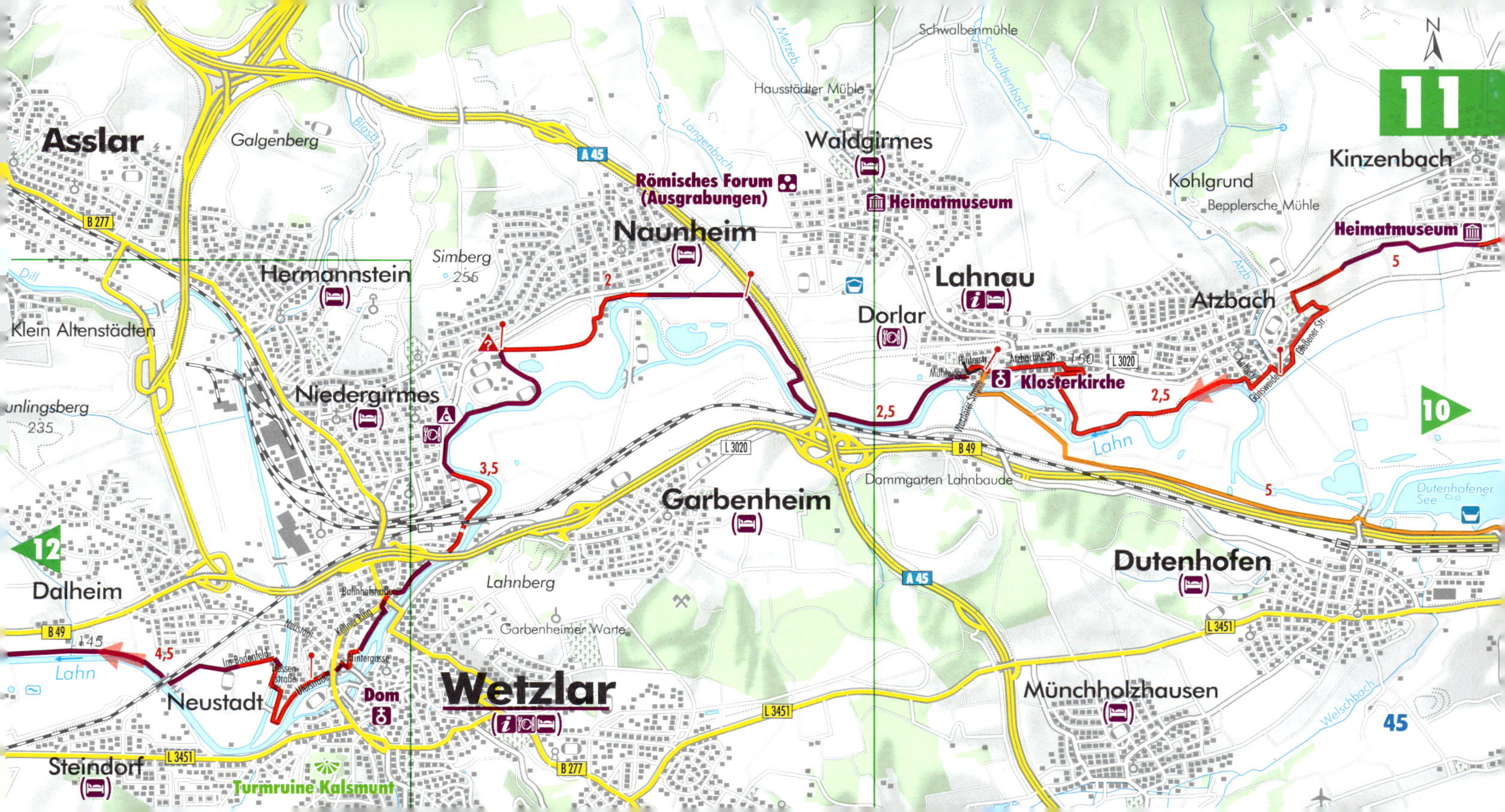

11
Asslar
Galgenberg
Blasb.
Metzeb.
Schwalbenmühle
Schwalbenbach
Hausstädter Mühle
Langenbach
Waldgirmes
Heimatmuseum
Römisches Forum
(Ausgrabungen)
A 45
Kinzenbach
Kohlgrund
Bepplersche Mühle
Heimatmuseum
B 277
Naunheim
Simberg
256
Hermannstein
Dill
Klein Altenstädten
Lahnau
Dorlar
Atzbach
Azb.
Niedergirmes
unlingsberg
235
Hinterstr.
Mühlweg
Atzbacher Str.
150
L 3020
Klosterkirche
Gießener Str.
Lohstr.
Grünsweide
Wetzlarer Straße
10
Lahn
B 49
L 3020
Dammgarten Lahnbaude
Garbenheim
Dutenhofener See
Dutenhofen
12
Dalheim
Lahnberg
Bahnhofstraße
Garbenheimer Warte
Kalliner Ring
Neustadt
B 49
145
Lahn
Im Bodenfeld
Hessenstraße
Uferstraße
Hintergasse
Neustadt
Dom
Wetzlar
L 3451
L 3451
Münchholzhausen
Welschbach
45
Steindorf
L 3451
B 277
Turmruine Kalsmunt
2
3,5
2,5
2,5
5
5
4,5

ersten Ausläufern der Stadt Wetzlar ↝ immer geradeaus in die **Schrebergartensiedlung** ↝ dem Linksbogen und dann dem Rechtsbogen des Weges folgen ↝ ⚠ bei den **Tennisplätzen** links und an der nächsten Abzweigung rechts ↝ vor der **Berufsschule** links und in einem großen Bogen um die **Sportanlagen** herum ↝ dann auf einem Rad- und Fußweg entlang der Lahn am **Campingplatz** vorüber ↝ unter der Eisenbahn- und Autobahnbrücke hin-

durch ↝ kurz darauf mit einem Rechtsbogen zur **Bahnhofstraße**.

Tipp: Ins Zentrum von Wetzlar kommen Sie aber besser, wenn Sie am Buderusplatz nach links in die **Brückenstraße** und über die Lahn fahren, danach rechts direkt in die sehenswerte Altstadt von Wetzlar.

Dann nach links zum **Karl-Kellner-Ring** wenden ↝ nach zirka 100 Metern biegt auf der linken Seite ein schmaler Weg ab, der zur Lahn führt ↝ diesem Weg folgen ↝ dann links in die **Hintergasse** ↝ Querung des Parkplatzes **Haarplatz** ↝ durch die Unterführung in die **Uferstraße**.

Wetzlar
PLZ: 35573; Vorwahl: 06441
🛈 Tourist-Information, Dompl. 8, ✆ 997750, www.wetzlar.de
🏛 **Lottehaus**, Lottestr. 8-10, ✆ 994131, ÖZ: Di-So 10-13 Uhr und 14-17 Uhr.

Lottehaus und Jerusalemhaus: Zwei literarische Gedenkstätten für Karl Wilhelm Jerusalem und Charlotte Kestner, geb. Buff, die beiden realen Hauptpersonen in Goethes „Werther". Die Originalschauplätze, gefüllt mit historischem Mobiliar und Hausrat des 18. Jhs., lassen das bürgerliche Leben der damaligen Zeit erlebbar werden. Der kostbare Erstdruck sowie seinerzeitige Nachahmungen, Streitschriften und Parodien des Romans vermitteln seinen enormen Erfolg und die Wirkung in der damaligen Gesellschaft.

🏛 **Stadt- und Industriemuseum**, Lottestr. 8-10, ✆ 994140, ÖZ: Di-So 10-13 und 14-17 Uhr. Von vor- und frühgeschichtlichen Grabungsfunden über die hauptsächlich mittelalterliche Baugeschichte des Domes reichen die Abteilungen des Museums bis hin zur Industrialisierung: Bedeutende Wetzlarer Betriebe aus Eisenverarbeitung, Feinmechanik und Optik, sowie eine bergbaugeschichtliche Sammlung (u. a. histor. Grubenlampen) runden das Bild dieser Epoche ab.

🏛 **Reichskammergerichtsmuseum**, Hofstatt 19, ✆ 994160, ÖZ: Di-So 10-13

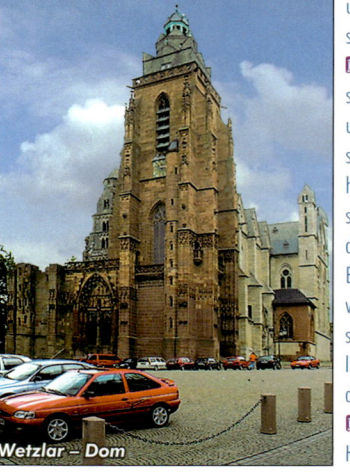

Wetzlar – Dom

Uhr und 14-17 Uhr. Originalzeugnisse aus drei Jahrhunderten deutscher Rechtsgeschichte.

- **Sammlung Dr. Irmgard von Lemmers-Danforth**, Kornblumeng. 1, ✆ 994131, ÖZ: Di-So 10-13 Uhr und 14-17 Uhr. Europäische Wohnkultur aus Renaissance und Barock, dargestellt anhand historischer Möbel, Gold- und Silberschmiedearbeiten, Keramiken, Tapisserien und Gemälden.
- **Jerusalemhaus und Goethe-Werther-Bücherei**, Schillerpl. 5, ✆ 994131, ÖZ: Di-Sa 14-17 Uhr.
- **Landwirtschaftliches Museum**, 35578 Finsterloh, Frankfurter Str. 113, ✆ 782220, Führungen: n. V. Beispiellose

HOTEL EULER-Haus

Hotel **EULER** -Haus
Buderusplatz 1
35576 Wetzlar
Tel.: 0 64 41 / 50 330-0
Fax: 50 330-100
info@hotel-euler-haus.de
www.hotel-euler-haus.de

Zimmer mit Dusche u. WC • Kabel-TV • Abstellraum für Fahrräder • Zentral gelegen. 5 Gehminuten zur Altstadt

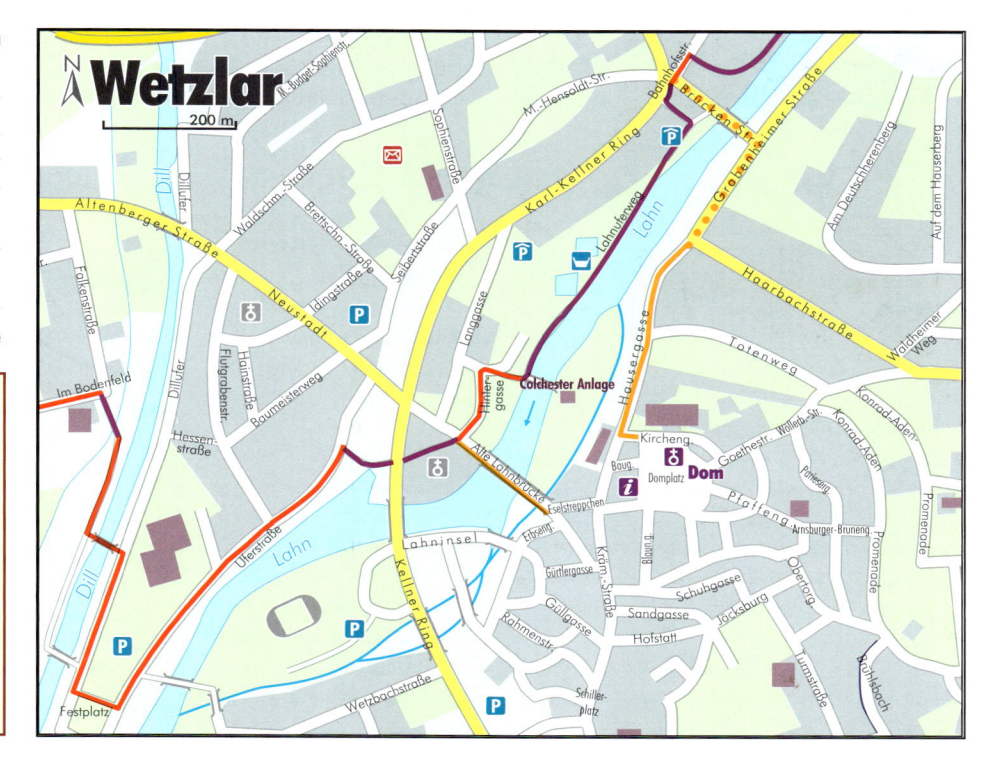

47

Wetzlar – Alte Hauptwache am Domplatz

Kollektion von historischen Landmaschinen und bäuerlichen Geräten.

🏛 **Heimatmuseen Blasbach** (35585, Bergstr. 31, ☎ 06446/ 1383 od. 1659), Garbenheim (35583, Unterg. 3, ☎ 46691), Münchholzhausen (35581, Rechtenbacher Str. 2, ☎ 06441/ 71153 od. 97143) und Steindorf (35579, Schulstr. 2, ☎ 06441/22333). Die kleinen aber außergewöhnlich reizvollen Heimatstuben der Wetzlarer Stadtteile bieten einen Einblick in die Geschichte der Dörfer, die zum Teil wesentlich älter als Wetzlar selbst sind. Bis zu 1.200 Jahre Vergangenheit und Tradition werden so jeweils lokal greifbar gemacht.

🏛 **Historische Mikroskope Ernst Leitz** im Neuen Rathaus

✝ **Dom zu Wetzlar.** Das heutige Kirchengebäude – übrigens von beiden großen Konfessionen genutzt – besticht durch seine architektonische Vielgestaltigkeit, denn von der Romanik bis zum Barock wurde das Gotteshaus mehrfach umgebaut und mangels Finanzen nie einheitlich vollendet.

✝ **Hospitalkirche**, 1764 erbaute ev.-luth. Predigtkirche

♂ **Turmruine Kalsmunt**, unter Kaiser Friedrich I. Barbarossa erbaute Reichsburg, heute beliebter Aussichtspunkt.

✝ **Ruine der Theutbirgbasilika**, südl. von Nauborn, die anno 778 von einer frommen Stifterin dem Kloster Lorsch übereignet worden sein soll.

✝ **Dutenhofener See**, Baden, Surfen, Segeln, Campen, Angeln, Wasserski

Unvollendetes Wahrzeichen mit Stil(en): Mit dem Bau einer Kirche begann ein konradinischer Graf Anno 897 die Geschichte Wetzlars; nur wenig später gründeten seine Nachfahren an gleicher Stelle ein Stift zu Ehren Mariens.

Bald schon siedelten sich im Schutze einer ersten Stadtmauer Stiftsherren, Handwerker und Kaufleute aus der näheren und weiteren Umgebung an. In der Zeit Friedrich I. Barbarossa am Ende des 12. Jahrhunderts entstand dann nicht nur die Reichsburg Kalsmunt, von der man heute noch die Turmruine findet, sondern auch die spätromanische Basilika als Stiftskirche.

Doch die ehrgeizigen Stadt- und Kirchenväter stellte dieser nicht gerade unscheinbare Bau nicht zufrieden und sie begannen kaum vierzig Jahre später – mit neidischem Blick auf den fast fertigen Georgsdom zu Limburg und die in der modernen Gotik entstehende Elisabethkirche zu Marburg – mit einem wesentlich größeren Gotteshaus. Eine dreischiffige Hallenkirche mit Querhaus und Chor sollte entstehen, gekrönt durch eine Doppelturmfassade mit

Wetzlar

hohen durchbrochenen Spitzhelmen.

Doch daraus wurde nie etwas. Der linke Turm reicht nur bis zum untersten Sockel, daneben gibt das unfertige Mittelportal den Blick auf leeren Raum frei, den die romanische Fassade der Vorgängerkirche begrenzt.

Nach einigen finanziell bedingten Baustopps und Änderungen – auch des Baustils und der Pläne insgesamt – erhielt der fertige Südturm 1490 schließlich einen hölzernen Spitzhelm, der nach einem Blitzschlag 1590 durch die fast schon barocke Haube ersetzt wurde. Zum Glück erfolgte der Abbruch der alten Kirchenteile immer nur abschnittsweise entsprechend dem Baufortschritt, denn ansonsten hätte Wetzlar wohl bis heute keinen nutzbaren Dom …

Die bei den vielen Unterbrechungen im Dombau frei gewordenen Bauhütten hinterließen derweil an anderen Stellen der Stadt ihre Spuren. So besaß die Lahnbrücke – ohnehin schon ein Meisterwerk der Brückenbaukunst des 13. Jahrhunderts – noch imposante Türme über den äußeren Pfeilern.

Ferner entstanden die Klosterkirche der Franziskaner (Schillerplatz) und der Hof der Ritter des Deutschen Ordens 1285 mit Komturei, Zehntscheune und Elisabethkapelle. Und auch die bei fast 6.000 Einwohnern im 14. Jahrhundert notwendig gewordene neue Stadtmauer (1,7 Kilometer lang, bis zu 10 Meter hoch und 2 Meter dick) brauchte Arbeitskräfte.

Alles, was Recht ist: Gut 100 Jahre lang nannte sich Wetzlar zu Recht Hauptstadt des Rechts, denn es beherbergte von 1689 bis zu dessen Ende 1806 das höchste Zivilgericht des Heiligen Römischen Reiches Deutscher Nation, das Reichskammergericht, dem seit 1987 ein einzigartiges Museum gewidmet ist. Die über 900 Personen, die direkt oder indirekt damit zu tun hatten, brachten zur rechten Zeit Geld und damit Aufschwung in die Stadt und ihnen verdankt sie die meisten der stattlichen Fachwerk- und Barockhäuser.

Vor allem dem ebenso gelehrten wie geldgierigen Richter Franz von Papius, der von seinen reichlich kassierten Bestechungen unter

Wetzlar – Alte Lahnbrücke mit Dom

Bringt Fahrradfans auf Touren.

Entkommen Sie dem Alltag – mit TREKKINGBIKE – dem modernen Fahrradmagazin.

TREKKINGBIKE – das moderne Magazin für alle Trekkingbiker – bringt **6 x im Jahr** alles, was Lust aufs Radfahren macht: die besten Reise- und Tourentipps, kompetente Kaufberatungen, ausführliche Testberichte sowie faszinierende Fotoreportagen.

Kostenloses Probeheft unter:
0049 (0) 521-55 99 22

Trekkingbike
Das moderne Fahrradmagazin

---

anderem das Haus, in dem die von Lemmers-Danforth-Sammlung heute untergebracht ist, errichtete. Der berühmteste Besucher des Reichskammergerichtes, der damals noch bürgerliche Advokat Goethe aus Frankfurt, konnte diesem jedoch nicht halb so viel Interesse abgewinnen wie der hübschen Charlotte Buff, für die er in der Küche des heutigen Lottehauses (s. o.) Bohnen schnippelte, auf ihre kleinen Geschwister aufpasste oder mit ihr Lieder und Tänze studierte. Sie ist das reale Vorbild für die Lotte in Goethes berühmtem Roman „Die Leiden des jungen Werther".

Die Industrialisierung begann mit dem Anschluss an das Bahnnetz 1862/63 und eröffnete Wetzlar die Möglichkeiten, seine lange Tradition im Metallgewerbe auch wirtschaftlich auszubauen. Allen voran gelang dies der Firma Leitz, bekannt durch die erste Kleinbildkamera der Welt 1925, die Leica.

Heute zählt Wetzlar 52.000 Einwohner und ist Kreisstadt des Lahn-Dill-Kreises.

Wetzlar

Von Wetzlar nach Limburg

60 km

Langsam verändert sich der Charakter der Landschaft wieder. Die begrenzenden Hügel des Lahntales rücken näher zusammen und bilden bald ein beinahe schluchtartiges Tal. Zahlreiche Sehenswürdigkeiten reihen sich aneinander: das schmucke Städtchen Weilburg mit seinem beeindruckenden Schloss, die Marmorstadt Villmar, das Städtchen Runkel mit seiner Burg und die erlebenswerte Stadt Limburg mit der schönen Fachwerkarchitektur.

Der größte Teil der Wegstrecke zwischen Wetzlar und Limburg besteht aus gut ausgebauten Radwegen. Besonders der eigens angelegte Weg direkt an der Lahn begeistert jeden Radtouristen. Nur ein paar wenige kurze Stücke müssen Sie auf stärker befahrene Straßen ausweichen.

Von Wetzlar nach Weilburg 28 km

Aus dem Stadtzentrum kommen Sie über die historische **Alte Lahnbrücke** ↝ links abzweigen auf den Radweg und durch die Unterführung ↝ danach links auf die **Uferstraße** ↝ nun dem Verlauf der Uferstraße folgen ↝ weiter entlang des Weges neben der Lahn ↝ die Dill überqueren ↝ weiter entlang dieses Flusses ↝ links in die Straße **Im Bodenfeld** ↝ entlang der Gleise bis zur Lahn ↝ die Bahn unterqueren und weiter auf dem Betonplattenweg.

Nach einem guten Kilometer das Ufer verlassen ↝ nach Unterquerung der Bundesstraße links.

Tipp: Wenn Sie hier geradeaus weiterfahren und sich an der Querstraße links halten, kommen Sie direkt zum sehenswerten Kloster Altenberg. Der Weg führt dann wieder direkt zur Hauptroute hin.

Weiter auf dem Radweg entlang der Landesstraße ↝ nach zirka 800 Metern links in die **Albshäuserstraße** ↝ über die B 49 und dann rechts parallel dazu ↝ über die Brücke in die Straße **An der Schleuse** ↝ über die Bahn ↝ links und wieder rechts ↝ wieder rechts zum Schwimmbad ↝ an der Straße **Am Schwimmbad** rechts ↝ über die Gleise und rechts in den Radweg abzweigen ↝ dann links in die Straße **Solmser Gewerbepark** ↝ danach links und zur **Georgshüttenstraße** vor.

Solms
PLZ: 35606; Vorwahl: 06442

- **Stadtverwaltung**, Oberndorfer Str. 20, ✆ 9100
- **Industrie- und Heimatmuseum Solms**, Bahnhofsallee 26a, ✆ 23960, ÖZ: jeden zweiten So im Monat 10-12 Uhr und 15-17 Uhr u.n.V. Interessante Gegenstände, Arbeitsgeräte und Maschinen dokumentieren das Leben und Arbeiten der Menschen im Solmser Lande in der Vergangenheit.
- **Kloster Altenberg**, Oberbiel, ✆ 06441/206500. Das heutige Diakonissenmutterhaus war bis zur Säkularisierung 1802 Kloster der Prämonstratenserinnen. Gegründet bereits zwischen 1164 und 1179, besitzt es eine interessante frühgotische Kirche aus dem 13. Jh. Bedeutend sind auch die Wandmalereien aus dem 13., 14. und 15. Jh.
- **Besucherbergwerk Grube Fortuna**, nördl. von Oberbiel, ✆ 06443/82460, ÖZ: März-Nov., Sa, So/Fei 9-17 Uhr, Di-Fr 9-16 Uhr. Das letzte Eisenerzbergwerk Hessens (1849-1983) steht heute zur Erkundung der Welt unter Tage offen. Begleitet von ehemaligen Bergleuten geht es ab in 150 m Tiefe und mit der Grubenbahn in den früheren Abbaubereich, wo mit Originalmaschinen in den teilweise riesigen Hohlräumen der Erzabbau vorgeführt wird – Bergbau zum Anfassen. Daneben wird im Bergbaumuseum und auf dem bergbaukundlichen Lehrpfad auch die (Früh-)Geschichte der Zunft erlebbar, während Technikfans das Feld- und Grubenbahnmuseum in seinen Bann zieht.
- **Volkssternwarte Burgsolms**, ✆ 1039, ÖZ: Mo 19.30-20.30 Uhr, Beobachtungsabende 1. und 3. Di im Monat sowie bei vielfältigen Sonderveranstaltungen.
- **Freibad Solmser Land**, ÖZ: Mai-Sept. 9-19 Uhr
- **Bykx - Das Fahrradstudio**, Altenberger Str. 3, ✆ 6441/56 77 80

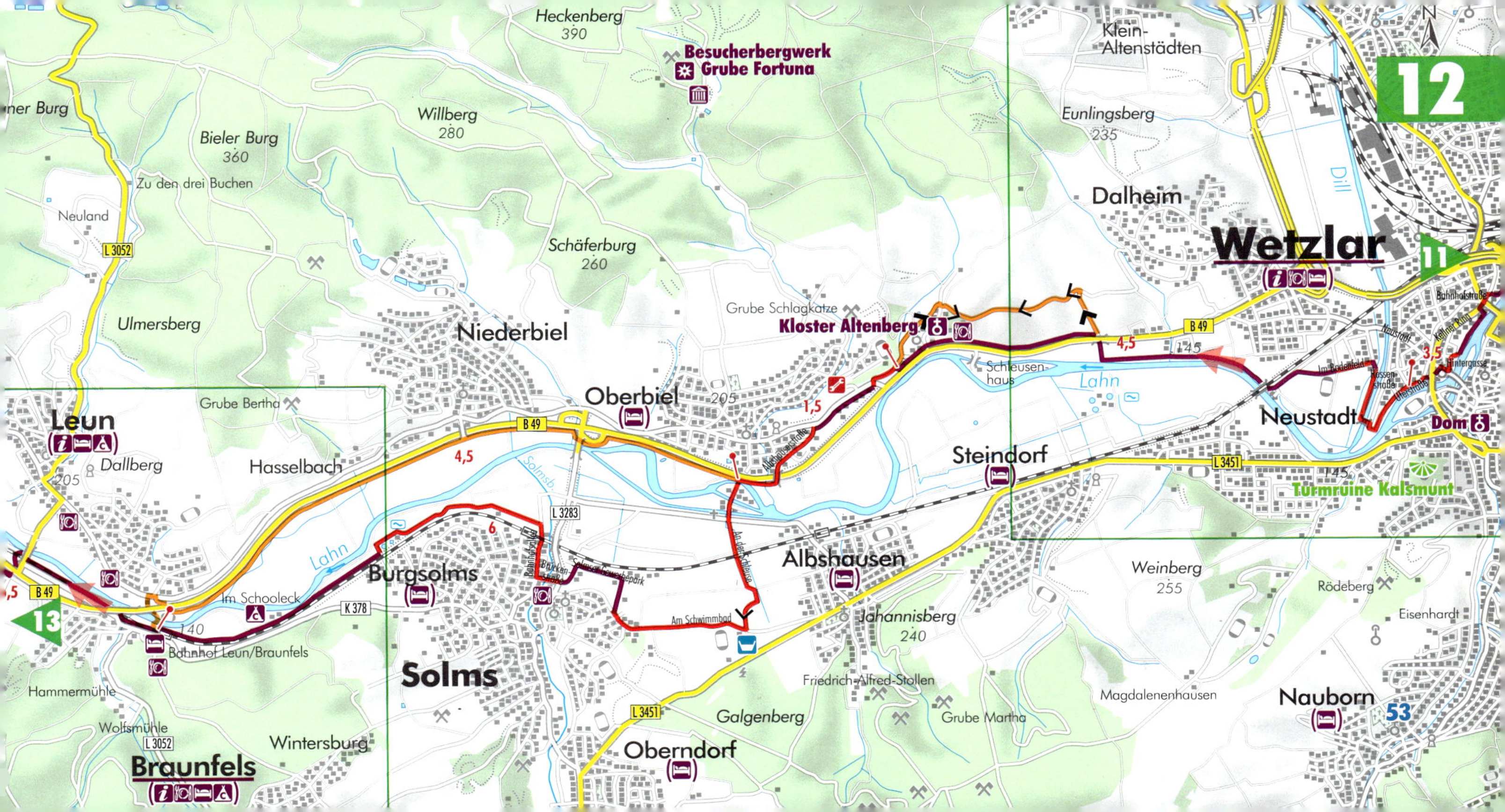
12
Heckenberg 390
Besucherbergwerk Grube Fortuna
Klein-Altenstädten
Willberg 280
Bieler Burg 360
Eunlingsberg 235
Zu den drei Buchen
Neuland
L 3052
Dalheim
Schäferburg 260
Wetzlar
11
Grube Schlagkatze
Kloster Altenberg
Ulmersberg
Niederbiel
B 49
4,5
145
Schleusenhaus
Lahn
Oberbiel
205
1,5
3,5
Neustadt
Dom
Grube Bertha
Leun
Dallberg
205
Hasselbach
4,5
Steindorf
L 3451
Turmruine Kalsmunt
L 3283
6
Albshausen
Weinberg 255
Rödeberg
Burgsolms
Im Schooleck
B 49
K 378
13
140
Am Schwimmbad
Johannisberg 240
Eisenhardt
Bahnhof Leun/Braunfels
Solms
Hammermühle
Friedrich-Alfred-Stollen
Magdalenenhausen
Nauborn
53
Wolfsmühle
L 3052
Wintersburg
L 3451
Galgenberg
Grube Martha
Braunfels
Oberndorf

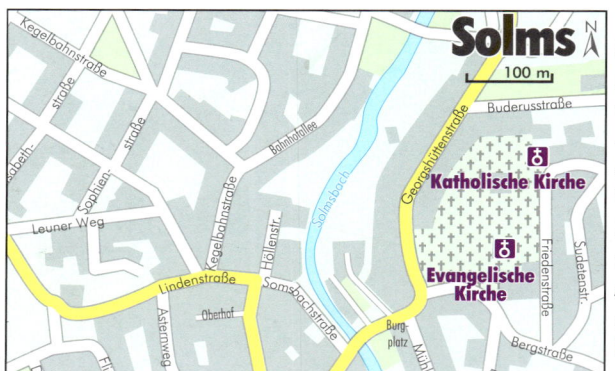

Lahntours Aktivreisen GmbH, Zeltplatz Solms-Schohleck, ✆ 922527, www.lahntours.de

Über 1200 Jahre ist Solms nun alt; der offizielle „Geburtsnachweis" der Siedlung findet sich im „Lorscher Codex" unter dem Datum 28. Mai 788 mit der Schenkung von Kirche (Oberndorf), Höfen und Land an das Kloster „am Fluss Solms". Doch Ausgrabungen von Hügelgräbern in Oberndorf und Burgsolms belegen eine Besiedlung bereits in vorgeschichtlicher Zeit.

Die seit 1100 in der Wasserburg Solms residierenden Edelherren bauten ihren Herrschaftsbereich weit entlang der „Hohen Straße" – die berühmteste Fernhandelsstraße des Mittelalters, die über Wetzlar nach Köln führte – auf das heutige Mittelhessen aus. Zur gleichen Zeit erlebte auch das Kloster Altenberg unter seiner 3. Meisterin, der seligen Gertrud, Tochter der Hl. Elisabeth, seine Blüte.

Nach einem Aufspalten der Linien des Fürstengeschlechts auf die Residenzen Braunfels, Königsberg und Burgsolms kamen die Besitzer des Stammhauses in Konflikte mit den Nassauern im Westen und dem hessischen Landgrafen im Osten, vor allem bezüglich der Vorherrschaft über die Handelsstraße.

Auf Betreiben Wetzlars hin wurde dann 1384 der Burgsolmser Stammsitz von Heeren des Rheinischen Städtebundes dem Erdboden gleichgemacht und das Land fiel an die Linie Solms-Braunfels.

Die lutherische Reformation rannte bei der Bevölkerung sozusagen offene Türen ein und wurde 1555, im Jahre des Augsburger Religionsfriedens, auch vom Grafen offiziell eingeführt – lediglich das schon immer reichsunmittelbare Kloster Altenberg blieb dank widerspenstiger Ordensleute eine katholische Insel. Mit einer erneuten Reformation im calvinistischen Sinne brachte Graf Konrad ab 1582 auch das Bildungswesen in Schwung und richtete Kirchspielschulen, Vorläufer der Dorfschulen, ein.

Während des Dreißigjährigen Krieges hinterließen 11 Jahre spanische und einige Jahre schwedische Herrschaft – und vor allem ihre

Plünderungen – Spuren bei der Bevölkerung. Dazu kamen Hungersnöte und Pestepidemien, so dass sie 1648 zur Hälfte dezimiert war.

Graf Heinrich Trajectin und nach ihm Wilhelm Moritz nutzten die Zeit des Absolutismus und Merkantilismus, um die Wirtschaft ihres Landes auszubauen und den eigenen Gewinn zu maximieren. Ziemlich störrisch zeigten sich dabei die konservativen Bauern, als sie von der Dreifelderwirtschaft auf die „neumodische" Fruchtwechselwirtschaft umsteigen sollten.

Doch wirtschaftlich von größerem Erfolg war der Ausbau des Erzbergbaus, der Eisen- und Kupferhütten sowie des metallverarbeitenden Gewerbes. Die Oberndorfer Hütte arbeitete von 1666-1867 mit nur wenigen Unterbrechungen, fast ebenso lange die Ziegelbrennerei. Der Wirtschaftszweig rund um das damals weltberühmte Lahn-Dill-Erz verhalf nach Schiffbarmachung der Lahn 1844-47 und Anschluss an die Eisenbahn Gießen - Koblenz Solms zu industrieller Blüte, die, stets krisenanfällig, bis in die Zwanzigerjahre unseres Jahrhunderts reichte, zum Teil auch noch länger. Die letzte Erzgrube, Fortuna bei Oberbiel, steht heute als Museum offen.

Den bisher letzten großen Schritt vollzogen die fünf Dörfer Burgsolms, Oberbiel, Niederbiel, Oberndorf und Albshausen 1978, als sie sich zur Stadt Solms zusammenschlossen, die heute rund 15.000 Bewohner zählt.

An der Georgshüttenstraße geradeaus in die gegenüberliegende **Brückenstraße** ⤳ dann rechts in die **Bahnhofsallee** ⤳ nach den Gleisen links ⤳ diesem Weg auf den nächsten Kilometern folgen ⤳ an der Kläranlage und am Campingplatz vorüber ⤳ schließlich zum **Bahnhof Braunsfeld** ⤳ geradeaus über die Straße nach Leun.

Laneburg

Tipp: Hier haben Sie nun die Möglichkeit, einen Ausflug zum wunderschönen Märchenschloss in Braunfels zu machen. Dafür halten Sie sich an der L 3052 links in Richtung Braunfels.

Tipp: Wenn Sie eine ruhigere Fahrt bevorzugen und sich den Verkehr auf der L 3052 ersparen wollen, fahren Sie einfach vom Bahnhof Leun-Lahnbahnhof auf dem ausgebauten Wanderweg über Wintersburg. Dieser Weg führt erst durch einen Wald und danach durch ein locker verbautes Wohngebiet.

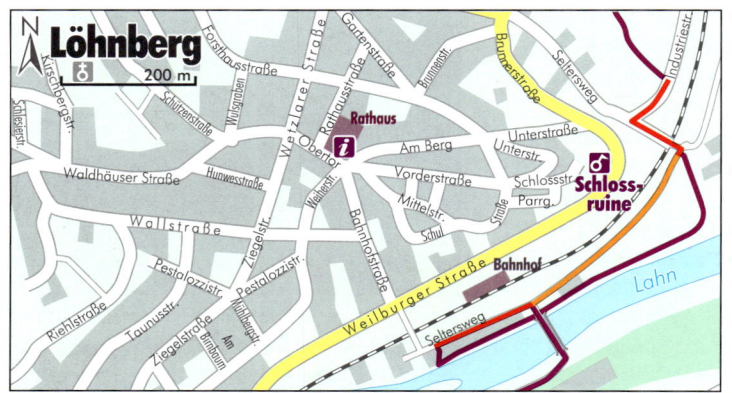

Schloss Weilburg

tungen werden auch Führungen angeboten.

Auf der Hauptroute mit einer Kurve unter der B 49 hindurch ↝ parallel dazu jetzt links der Straße bis zur nächsten Brücke ↝ die Lahn auf einem Radweg direkt an der Bundesstraße überqueren ↝ weiter nach Stockhausen ↝ über die Gleise zur Ortsdurchfahrtsstraße, hier links ↝ weiter geht's nach Biskirchen.

↝ in leichtem Auf und Ab zur Landesstraße ↝ hier links wieder einmal über die Bundesstraße hinüber ↝ nach der Brücke links in die **Industriestraße** ↝ sogleich wieder rechts in eine Anliegerstraße durch Kleingartenanlagen ↝ danach rechts und wieder links über die Bahn.

Tipp: Sie befinden sich hier direkt unter der Ruine Löhnberg.

Braunfels
PLZ: 35619; Vorwahl: 06442

- **Braunfelser Kur GmbH**, Fürst-Ferdinand-Straße 4a, 9344-0, www.braunfels.de
- **Stadtmuseum** in der Obermühle, Tiefenbacher Str. 1, ✆ 6357, ÖZ: So 14-18 Uhr. Das Museum ermöglicht seinen Besuchern einen Einblick in das Bürgertum, die Handwerkskunst und das bäuerliche Leben der vergangenen zwei Jahrhunderte.
- **Schloss Braunfels**, ✆ 5002. Das Schloss, das auf der Spitze eines Basaltfelsens thront, wird nach 800 Jahren in Familienbesitz auch heute noch bewohnt. Neben kulturellen Veranstal-

Leun-Biskirchen
PLZ: 35638; Vorwahl: 06473

- **Stadtverwaltung Leun**, Bahnhofstr. 25, ✆ 9144-0
- **Stadtmuseum Leun**, Limburger Str. 1, ✆ 8994
- **Gertrudisbrunnen** in Biskirchen, Zapfstelle mit kostenloser Abgabe von Heilwasser.

Am Quellenhof vorüber und dann links Richtung Weilburg zu den **Mineralquellen**

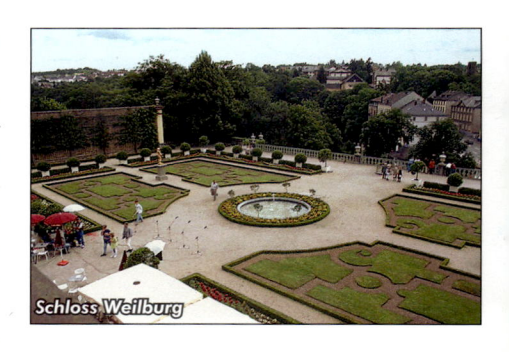

Löhnberg
PLZ: 35792; Vorwahl: 06471

- **Gemeindeverwaltung**, Obertorstr. 5, ✆ 98660
- **Burgruine** im Lahnbogen

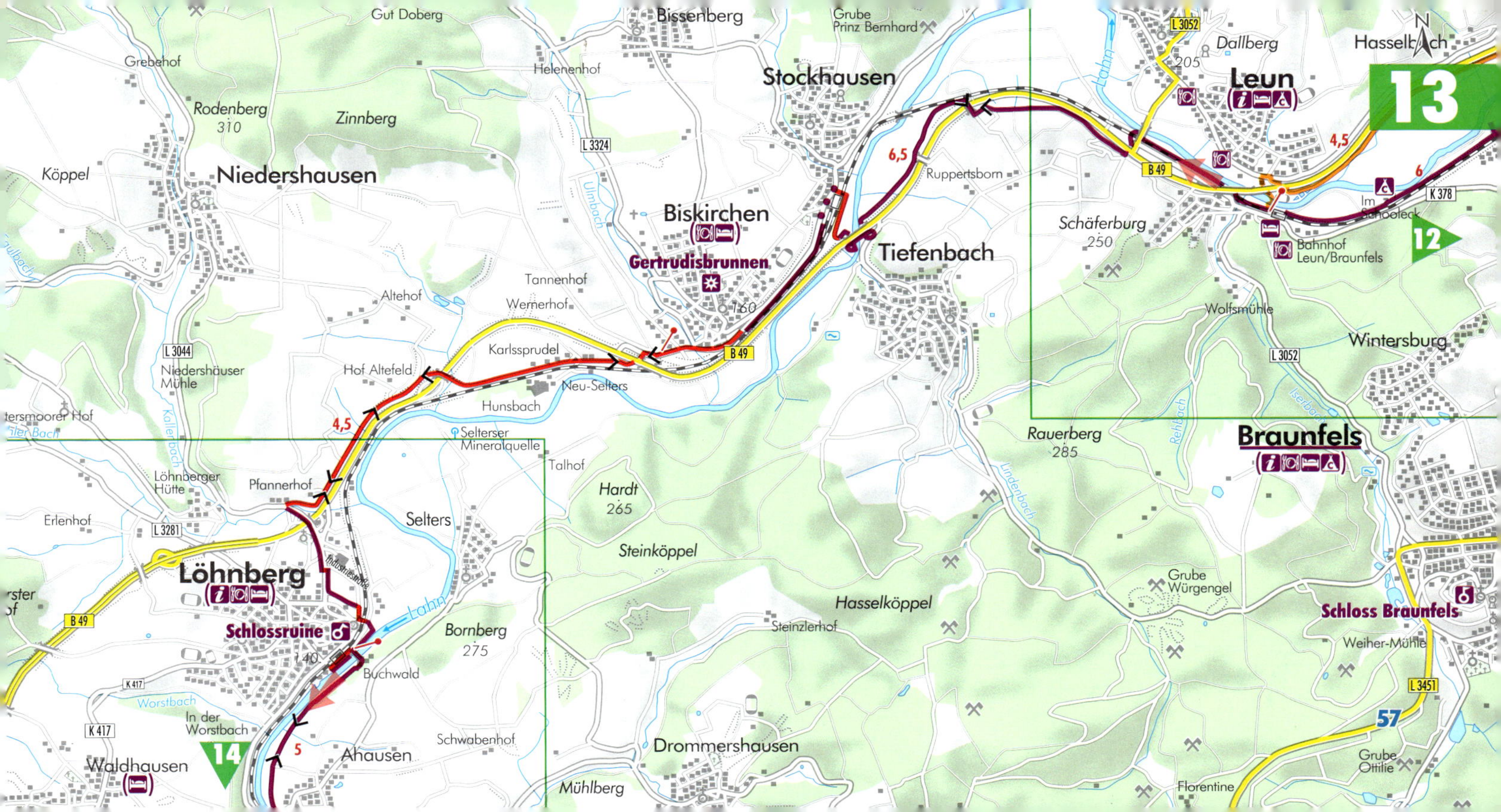

13
12
14
Gut Doberg
Bissenberg
Grube Prinz Bernhard
Dallberg
Hasselbach
Grebehof
Helenenhof
Stockhausen
Leun
Rodenberg 310
Zinnberg
L 3324
L 3052
205
Köppel
Niedershausen
Ulmbach
Ruppertsborn
B 49
Lahn
Biskirchen
Tiefenbach
Schäferburg 250
Im Schooleck
K 378
Bahnhof Leun/Braunfels
Gertrudisbrunnen
Tannenhof
Altehof
Wernerhof
160
Wolfsmühle
Karlssprudel
L 3044
Niedershäuser Mühle
Hof Altefeld
Neu-Selters
Hunsbach
Wintersburg
Selterser Mineralquelle
Talhof
Rauerberg 285
Braunfels
Löhnberger Hütte
Pfannerhof
Hardt 265
Erlenhof
L 3281
Selters
Steinköppel
Löhnberg
Industriestraße
Grube Würgengel
Schlossruine
Bornberg 275
Hasselköppel
Schloss Braunfels
Steinzlerhof
Weiher-Mühle
140
Buchwald
K 417
Worstbach
In der Worstbach
L 3451
Schwabenhof
57
Ahausen
Drommershausen
Waldhausen
Grube Ottilie
Mühlberg
Florentine
Kallenbach
Rehbach
Iserbach
Lindenbach
4,5
5
6
6,5

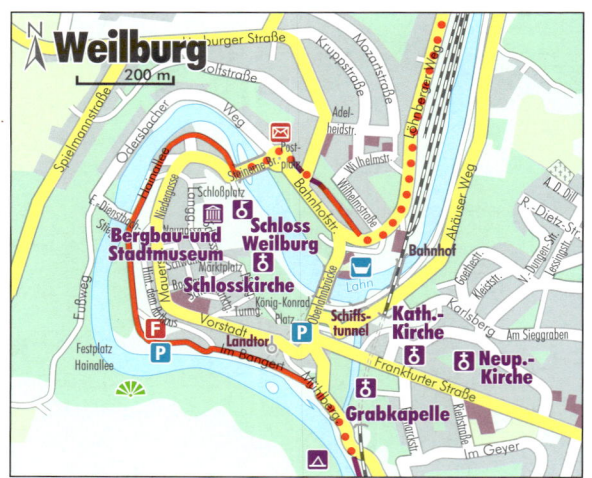

Auf Höhe des Bahnhofs im spitzen Winkel rechts und zur Brücke über die Lahn hinauf ↝ nun 3,5 Kilometer auf einem herrlichen **Lahnuferweg** nach Weilburg.

Ahausen

In Ahausen rechts in die **Selterser Straße** ↝ den Schildern folgen und über die Lahnbrücke gleich darauf auf den Radweg links des **Löhnberger Weges** und nach Weilburg.

Weilburg

PLZ: 35781; Vorwahl: 06471

🛈 **Tourist-Information Kur- und Verkehrsverein**, Mauerstr. 6-8, ☎ 31467

⚓ **Rollschiff** (bereits seit 1691), ☎ 7671, Fährbetrieb Mai-Okt., So/Fei 14-17 Uhr

🏛 **Baumaschinen-Modellmuseum**, ☎ 5020

🏛 **Bergbau- und Stadtmuseum**, Schlossplatz 1, ☎ 379447, ÖZ: April-Okt., Di-Fr 10-12 und 14-17 Uhr, Sa, So/Fei 10-17 Uhr, Nov.-März, Mo-Fr 10-12 Uhr und 14-17 Uhr (20. Dez.-20. Jan. geschlossen). Das älteste hessische Bergbaumuseum dokumentiert — z. T. im Museumsstollen — den Abbau von Eisenerz, Ton, Dachschiefer und Phosphorit sowie die dazu benötigten Techniken und Geräte. Im Stadtmuseum befinden sich u. a. Zeugnisse der frühen Luftschifffahrt, ein Herbarium von 1842 und die Burger'sche Schmetterlingssammlung.

🏛 **Schloss Weilburg**, ☎ 91270, ÖZ: März-Okt., 10-17 Uhr Führungen halbstündlich, Nov.-Feb., Di-So 10-16 Uhr Führungen Di-So zur vollen Stunde. Die als Dornröschenschloss bekannte Residenz der Fürsten und Herzöge von Nassau ist alljährlich Schauplatz der Weilburger Schlosskonzerte im wunderschönen Renaissance-Innenhof. Die Hofstuben sind noch mit spätgotischen Sterngewölben überzogen, die Schlosskirche gilt als bedeutendster protestantischer Sakralbau des Barock in Hessen. Sehenswert sind auch die Obere Orangerie (frühes 18. Jh.) und der nach französischem Vorbild angelegte Schlossgarten.

🏛 **Burgruine Freienfels**, Weinbach-Freienfels

Wichtig in WEILBURG

• Zimmerauskunft	0800 - 93 45 28 74
	0800 - WEILBURG
• Kanuverleih	06471 - 92 29 94
• Radreparaturen Fa. Wern	06471 - 91 88 41
• Taxitransport defekter Räder	06471 - 22 01

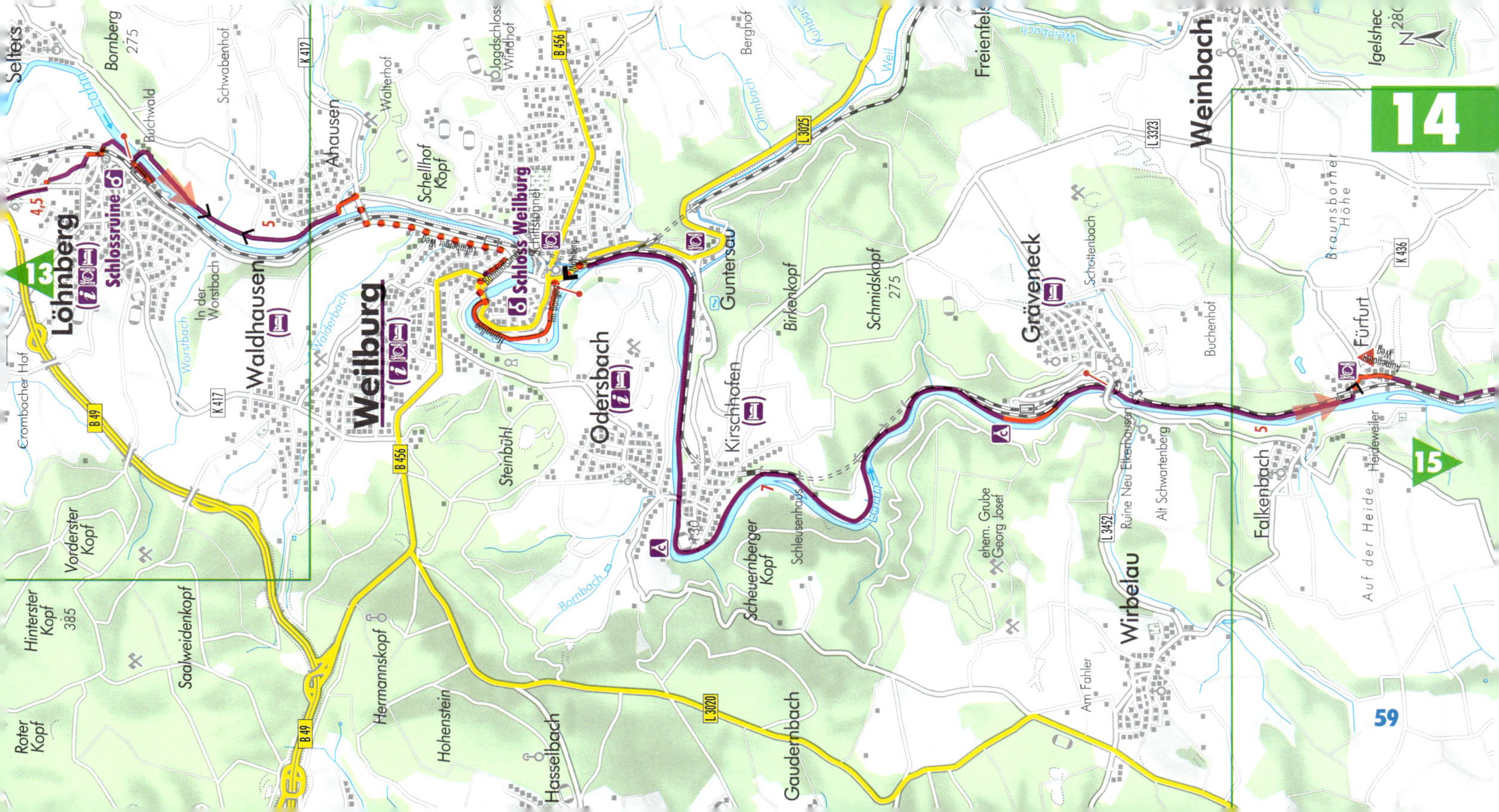
14
13
15
Selters
Bornberg 275
Buchwald
Schwabenhof
Löhnberg
Schlossruine
Waldhausen
In der Worstbach
Worstbach
Crombacher Hof
Ahausen
Walterhof
Jagdschloss Windhof
Schellhof Kopf
Schloss Weilburg
Schiffstunnel
Weilburg
Walderbach
Löhnberger Weg
Odersbach
Steinbühl
Gunterau
Berghof
Ohmbach
Weil
Freienfels
Weinbach
Birkenkopf
Schmidskopf 275
Kirschhofen
Schleusenhaus
Scheuernberger Kopf
Gräveneck
Schottenbach
Buchenhof
Braunsborner Höhe
Fürfurt
Falkenbach
Heideweiler
Auf der Heide
Ruine Neu Elkerhausen
Alt Schwartenberg
ehem. Grube Georg Josef
Wirbelau
Am Fahler
Igelshec 280
Vorderster Kopf
Hinterster Kopf 385
Saalweidenkopf
Roter Kopf
Hermannskopf
Hohenstein
Hasselbach
Bornbach
Gaudernbach
Lahn
B 49
B 456
K 412
K 417
L 3025
L 3323
L 3452
L 3020
K 436
4,5
5
7
130

Schloss Weilburg

- **Kubacher Kristallhöhle** und **Freilicht-Steinemuseum**, Kubach, ✆ 94280, ÖZ: 19. März-Okt., Sa, So/Fei 10-17 Uhr, Mo-Fr 14-16 Uhr. Mit 30 m Höhe ist sie die höchste Schauhöhle Deutschlands und die einzige Kristallhöhle (Calcit). Draußen bietet das Freilicht-Steinemuseum einen Überblick über die Entstehung der Gesteine.
- **Weilburger Schiffstunnel**, der Einzige Deutschlands
- **Tiergarten Weilburg**, Hirschhausen, ✆ 8066, ÖZ: im Sommer 9-19 Uhr, im Winter bis zum Einbruch der Dunkelheit. Der Wildpark mit einheimischen und ehemals einheimischen Tierarten besitzt, gegründet 1590 von den Grafen von Nassau-Weilburg, eine über 400-jährige Tradition.

Die Residenzstadt Weilburg, erstmals bereits 906 erwähnt, erhielt schon 1295 Stadtrechte durch den ersten Deutschen König aus dem Geschlecht der Nassauer, Adolf I. Der märchenhafte Innenhof des Renaissance-Schlosses ist heutzutage ebenso mit städtischem Leben und Kultur erfüllt wie der barocke Marktplatz mit Schlosskirche und Neptunbrunnen oder auch der wunderschöne alte Schlossgarten. Malerisch ist allein die gesamte Anlage der Stadt hoch auf dem Felsrücken in einem fast runden Lahnbogen – ein kurzer Durchstich an der Engstelle ermöglicht den einzigen Schiffstunnel Deutschlands.

Länger als zwei Jahrtausende reicht hier die Tradition des Erzbergbaus zurück. In der Blütezeit belieferten fast 1.300 Gruben des damaligen Herzogtums Nassau die Eisenindustrie im Lahntal. Und obwohl die durch billigere Importe unrentabel gewordenen Bergwerke geschlossen sind, verdankt Weilburg den Bergleuten des 19. Jahrhunderts – indirekt – eine seiner heutigen Attraktionen.

Vor über hundert Jahren stieß man nämlich beim Stollenbau auf eine prächtige Tropfsteinhöhle irgendwo in der Gemarkung Kubach, doch niemand merkte sich die genaue Lage und sie geriet wieder in Vergessenheit. Erst in den Siebzigerjahren machten sich eifrige Speläologen wieder auf die Suche nach ihr und entdeckten dabei etwas viel Selteneres: die einzige Calcit-Kristallhöhle Deutschlands mit einer gewaltigen Höhe von über 30 Metern (s. o.).

Etwas richtig Besonderes stellen die Pisé-Bauten dar, historische Wohnhäuser in Lehmstampfbauweise, die sich heute wieder verstärkten Interesses von ökologisch orientierten Baufachleuten wie auch Touristen erfreuen.

60

Von Weilburg nach Villmar 17 km

Vor dem Rechtsbogen der Straße **Löhnberger Weg** in die sehr verkehrsreiche **Bahnhofstraße** rechts in die Sackgasse ↷ die ampelgeregelte Kreuzung geradeaus überqueren ↷ den Kreisverkehr nach links zur **Steinernen Brücke** über die Lahn verlassen ↷ die Brücke überqueren ↷ gleich darauf rechts in den ruhigen Weg ↷ nun zur Rechten die Lahn ↷ dem Verlauf des Weges in einem Linksbogen folgen ↷ der **Hainallee** folgen.

Entlang der Straße **Im Bangert** vor zur großen T-Kreuzung der Straße **Mühlberg** ↷ hier nach rechts und im mäßig starken Verkehr weiter ↷ noch vor der Bahnunterführung und den Gleisen rechts ab ↷ auf dem Radweg weiter zwischen Gleisen und Fluss ↷ ununterbrochen radeln Sie nun ganz unbeschwert die nächsten knapp 10 Kilometer immer am Lahnufer bis nach Fürfurt.

Fürfurt

Der Radweg endet kurzzeitig, hier links über die Bahn ↷ an der Imbissstube vorüber und rechts in den **Aumenauer Weg** ↷ ⚠ an der Weggabelung links halten ↷ nach gut 3 Kilometern nach Aumenau.

Aumenau

PLZ: 65606; Vorwahl: 06482

✱ Lahntours Lahn-Natursportzentrum, Kohlstrasse 1a, ✆ 911022, www.lahntours.de

Die Gleise queren ↷ nun zwischen Bahn und Fluss weiter ↷ anfangs asphaltiert, dann unbefestigt.

Tipp: Sie folgen von nun an erst einmal den Schildern des R 7.

Entlang der Lahn führt der neue Flussradweg bis nach Villmar.

Villmar

PLZ: 65606; Vorwahl: 06482

🛈 **Gemeindeverwaltung**, Peter-Paul-Str. 30, ✆ 91210
✱ König-Konrad-Denkmal
✱ **Marmorbrücke**, einzige Marmorbrücke Europas, erbaut im Jahre 1895 aus Lahnmarmor

Villmar ist das Zentrum des **Lahnmarmors**, der vor rund 380 Millionen Jahren aus Riffen im devonischen Meer entstanden ist. Diese Riffe bestanden hauptsächlich aus Stromatoporen, Schwämmen, Korallen und Muscheln. Derzeit ist ein Lahnmarmorweg in Entwicklung, ein Museum zum Thema ist geplant.

Von Villmar nach Limburg 15 km

Unter der Straßenbrücke hindurch ↷ in einer Linkskurve auf die Brücke auffahren und über die Lahn ↷ nach der Brücke links weiter auf den Radweg ↷ zwischen Lahn und Gleisen bis nach Runkel ↷ in Runkel links über die schöne Steinbrücke ins hübsche Ortszentrum ↷ nach der Brücke rechts ↷ der Kopfsteinpflasterstraße folgen ↷ an der größeren Straße rechts auf den straßenbegleitenden Radweg.

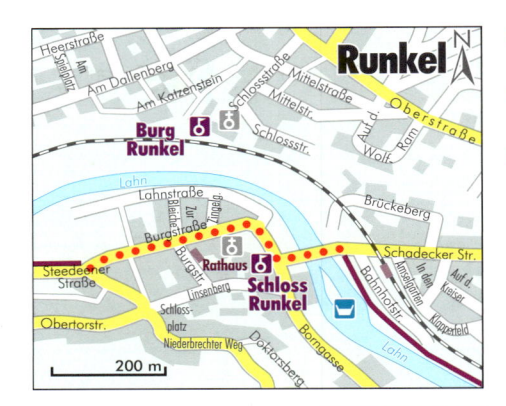

✺ Die steinerne **Lahnbrücke** überspannt mit ihren vier Bögen schon seit 1448 den Fluss.

✺ **Kanustation**, Lahntours-Aktivreisen, auf dem Campingplatz, ✆ 06482/911022

✺ **Lahntours**-Campingplatz Runkel, Auf der Bleiche, ✆ 911022, www.lahntours.de

Märchenhaft ist nicht nur die bekannte Ansicht von Runkel mit alter Lahnbrücke, windschiefen Fachwerkhäusern am Fels und der uneinnehmbar erscheinenden Burg darüber – die auch schon Merian persönlich im Kupferstich bannte –, nein, märchenhaft ist auch die wildbewegte Geschichte der kleinen Stadt. Kaum hundert Jahre nach der Gründung beginnen 1250 die Familienfehden und Siegfried von Runkel vertreibt seinen Vetter Heinrich von Haus und Hof.

Diesem verdanken wir die Trutzburg Schadeck auf der gegenüberliegenden Lahnseite, welche die Trennung von Runkel und Westerburg besiegelt. Noch zu Zeiten des Brückenbaus 1440 sind jene Streitigkeiten akut und verzögern diesen auf insgesamt acht lange Jahre.

Runkel
PLZ: 65594; Vorwahl: 06482

🛈 **Tourist-Info**, König-Konrad-Str. 12, ✆ 607720

🏰 **Burg Runkel**, ✆ 4222, ÖZ: Karfreitag-Mitte Okt., Di-So 10-17 Uhr. Die Burg aus der Zeit des Hohenstaufenkaisers Friedrich I. Barbarossa – 1159 erstmals erwähnt – überragt über dem Durchbruchstal der Lahn zwischen Westerwald und Taunus das malerische Städtchen (Freilichtaufführungen).

🏰 **Burg Schadeck**, seit 1288 Trutzburg verfeindeter Familienmitglieder derer von Runkel.

Im Dreißigjährigen Krieg legen kroatische Truppen des Grafen Isolani Städtchen und Schloss in Asche und auch in den politischen Wirren des 18. Jahrhunderts kommt hier – anders als beispielsweise im unweiten (Burg)Solms – niemand zur Ruhe: 1719 hannoversche Truppen, 1758 Sachsen, 1759 Franzosen, die 1796 von darmstädtischen Truppen nächtens hinausgeworfen werden.

1806 fällt der rechtslahnige Teil an das von Napoleon neu geschaffene Großherzogtum Berg und als der letzte Fürst zu Wied-Runkel 1824 sein Leben beendet, fällt Runkel an die Linie Wied-Neuwied. Der unterhalb der Ruine

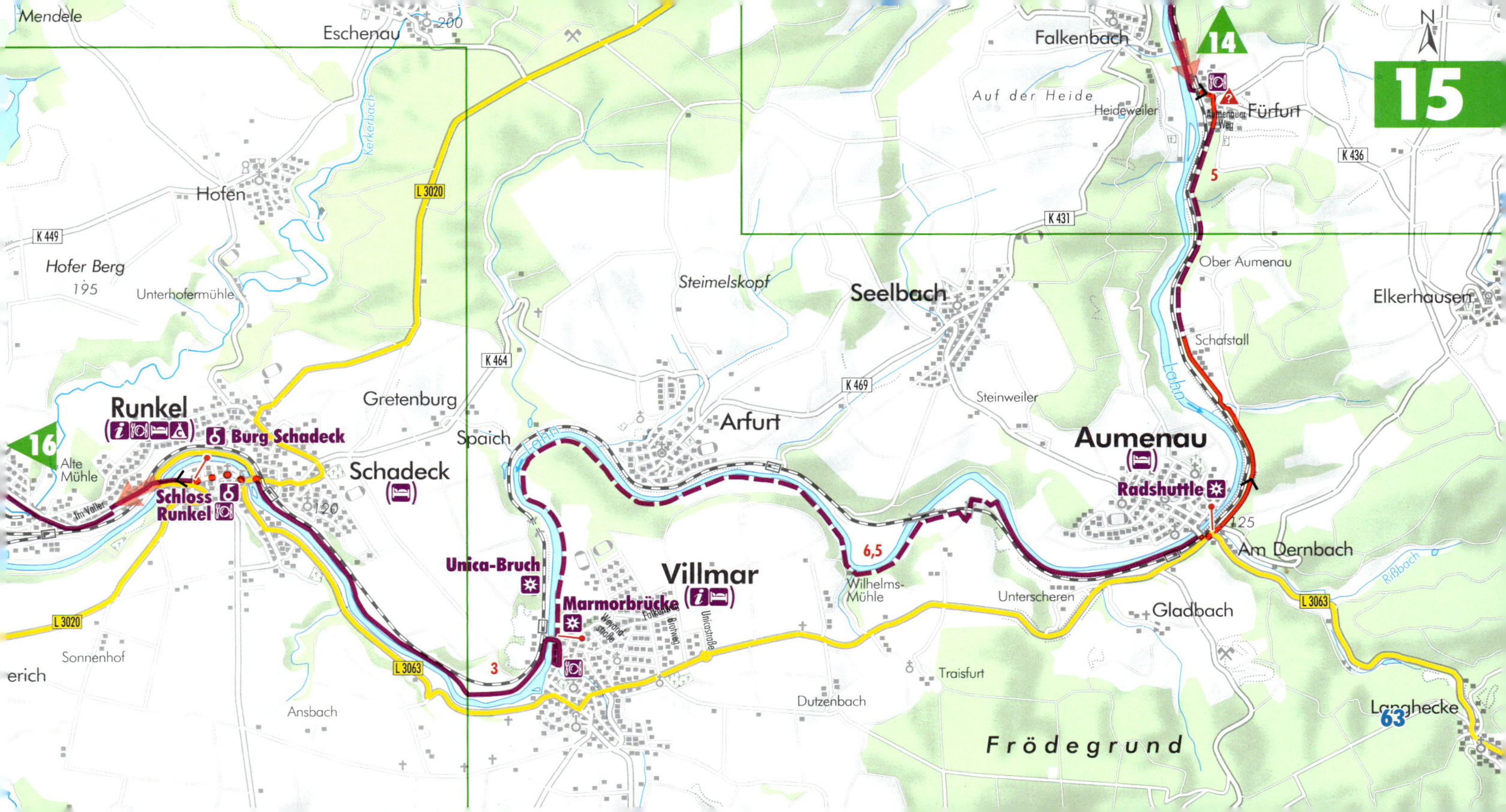

15
14
16
Mendele
Eschenau
200
Falkenbach
Auf der Heide
Heideweiler
Fürfurt
Aumenauer Weg
K 436
5
K 431
Hofen
L 3020
K 449
Hofer Berg
195
Unterhofermühle
Kerkerbach
Steimelskopf
Seelbach
Ober Aumenau
Elkerhausen
Schafstall
Lahn
K 464
K 469
Steinweiler
Gretenburg
Runkel
Burg Schadeck
Spaich
Arfurt
Aumenau
Alte Mühle
Schadeck
Radshuttle
Schloss Runkel
Im Vallen
120
125
Am Dernbach
Unica-Bruch
6,5
Villmar
Wilhelms-Mühle
Marmorbrücke
Unterscheren
Gladbach
Rißbach
L 3063
Weyandstraße
Falkenweg
Brotweg
Unicastraße
L 3020
Sonnenhof
erich
3
L 3063
Traisfurt
Ansbach
Dutzenbach
Langhecke
63
Frödegrund

liegende Teil der Burg wurde wieder hergerichtet und wird noch heute von der Familie des Prinzen zu Wied bewohnt. Der frühere Flecken, der erst seit etwa 1780 Stadt genannt wird, zählt nach dem Zusammenschluss von neun Gemeinden heute insgesamt 9.970 Einwohner und darf sich (trotzdem) offiziell **S t a d t** Runkel nennen.

Der Radweg führt von der Hauptstraße rechts weg in die Ortschaft Kerkerbach auf die Straße **Im Valler** ↷ links hinunter zurück zur Hauptstraße ↷ über die Brücke und auf dem Radweg nach Steeden.

Steeden

Gegenüber der **Rheinbergstraße** zur Rechten nach links ab ↷ auf dem Radweg ein Stückchen an der Lahn entlang ↷ dann wieder nach rechts über die Gleise ↷ vor zur Hauptstraße von Steeden ↷ hier dann nach links ↷ danach auf dem rechtsseitigen Radweg nach Dehrn ↷ zu Ortsbeginn links in die Straße **Zum Hafen**.

Am Ufer rechts ↷ unter der Brücke hindurch ↷ weiter am Radweg entlang der Lahn.

Dietkirchen

Dehrn

Diesem Radweg nun bis nach Dietkirchen folgen ↷ zur Linken die Lahn und rechts der Ort Dietkirchen.

Dietkirchen

St.-Lubertius-Kirche

Einfach dem Uferweg entlang der Lahn folgen ↷ in Höhe der schmalen Brücke nach rechts vom Uferweg ↷ an der nächsten Kreuzung links abzweigen ↷ immer der Lahn entlang auf dem Radweg nach Limburg.

Tipp: Die Schilder schicken Sie an der Alten Lahnbrücke vorbei über die **Weilburger Straße** am rechten Ufer weiter, dann entlang der mehrspurigen Autostraße über die Lahn ans links Ufer, hier dann unter der Straßenbrücke hindurch und auf dem Uferweg entlang der Lahn Richtung Diez; da diese Strecke nicht besonders schön ist, empfehlen wir, gleich links über die Alte Lahnbrücke zu fahren und dann geradeaus in die Brückengasse ins Zentrum.

Limburg
PLZ: 65549; Vorwahl: 06431

Verkehrsverein, Hospitalstr. 2, ✆ 203-0 u. 6166

Personenlahnschifffahrt Heldmann, FGS „Wappen von Limburg" (Linie Limburg – Balduinstein – Limburg), Anlegestelle Eschöfer Weg, ✆ 3984, April-Juni, Sept., Okt.Di, Mi-So, Juli, Aug., Di-So.

Domschatz und Diözesanmuseum, Domstr. 12, ✆ 295482, ÖZ: 15. März-15. Nov., Di-Sa 10-13 Uhr und 14-17 Uhr, So/Fei 11-17 Uhr. Den Mittelpunkt des Domschatzes bildet die berühmte Staurothek, ein byzantinisches Kreuzreliquiar. Daneben stehen hervorragende Zeugnisse rheinischer Goldschmiedekunst, während das Diözesanmuseum Glaubenszeugnisse und sakrale Kunstwerke aus 12 Jahrhunderten präsentiert.

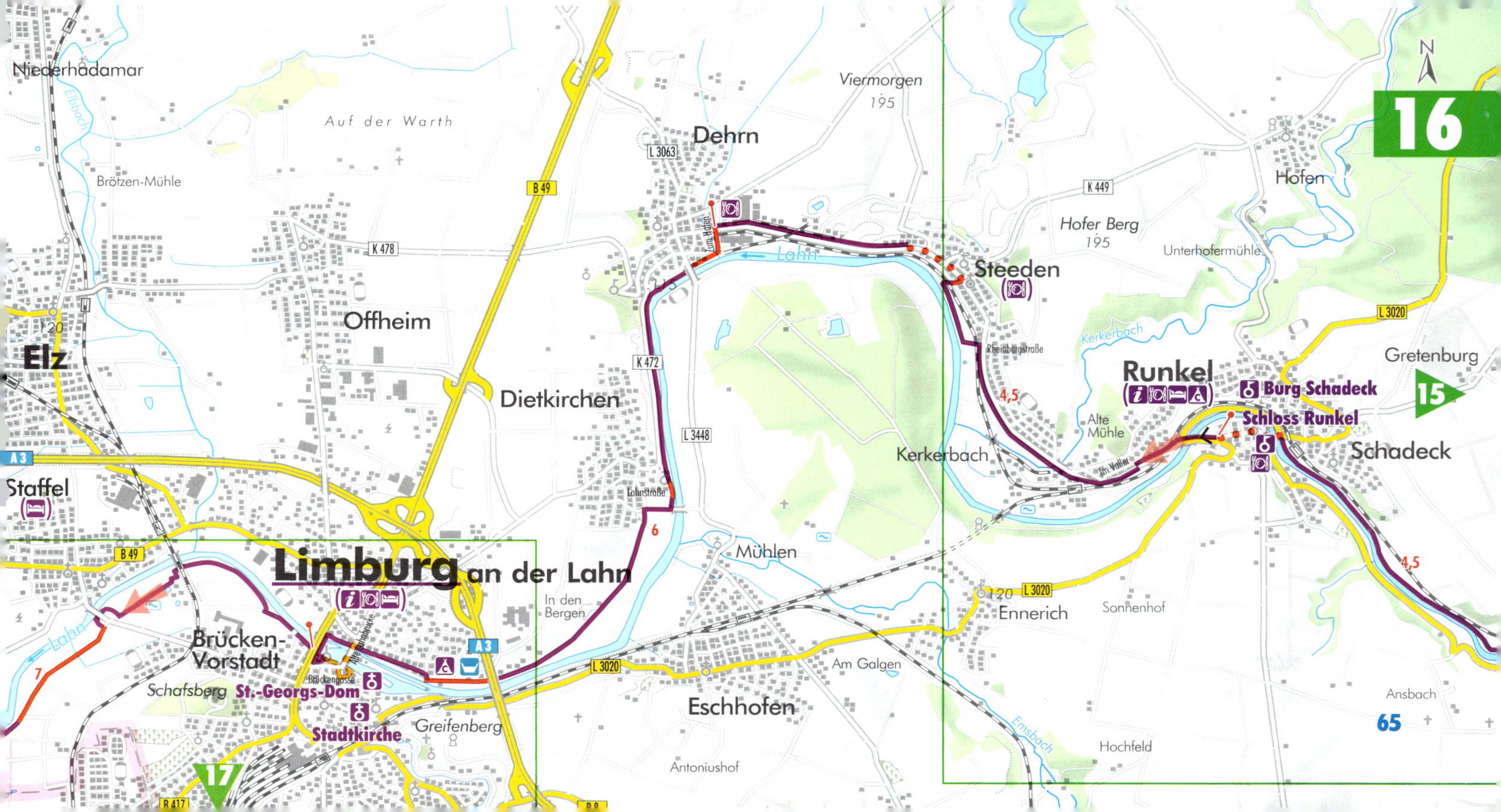
16
15
17
Niederhadamar
Elbbach
Auf der Warth
Brötzen-Mühle
Elz
120
Staffel
Offheim
Dietkirchen
K 478
B 49
Dehrn
L 3063
Zum Hafen
Lahn
K 472
L 3448
Lahnstraße
6
Viermorgen
195
K 449
Hofer Berg
195
Hofen
Unterhofermühle
Steeden
Rheinbergstraße
Kerkerbach
4,5
Runkel
Burg Schadeck
Schloss Runkel
Alte Mühle
Im Vallei
Schadeck
Gretenburg
L 3020
Mühlen
Limburg an der Lahn
In den Bergen
A 3
Brücken-Vorstadt
Alte Lahnbrücke
Brückengasse
St.-Georgs-Dom
Stadtkirche
Schafsberg
Greifenberg
7
L 3020
Eschhofen
Am Galgen
Antoniushof
Ennerich
120
Sonnenhof
Ansbach
Hochfeld
Emsbach
4,5
B 417
65

🏛 **Kunstsammlungen der Stadt Limburg**, Am Fischmarkt 21/22, ✆ 2129-12, -15, -16, ÖZ: Mo-Fr, 8.30-12 Uhr und 14-16 Uhr, Do -18 Uhr, Sa, So/Fei 11-17 Uhr.

🏛 **Katzenturm a. d. Lahn**. Der Rundturm an der ehemaligen Niedermühle war Teil der Ringmauer des 13. Jhs. Seine 2 Meter dicken Mauern beherbergen auch das **Marinemuseum**, ✆ 71681, ÖZ: Mai-Okt., jeden 1. u. 3. So im Monat.

✞ **St. Georgs-Dom**, ✆ 295332, Führungen: Mo-Fr, 11 Uhr und 15 Uhr, Sa, 11 Uhr, So 11.45 Uhr u. n. V. Seit der Renovierung strahlt das siebentürmige Gotteshaus von 1280 wieder in der mittelalterlichen Farbfassung — reinste rheinische Spätromanik. Die jüngst wieder freigelegten romanischen Fresken innen sind Limburgs größter Kunstschatz.

✞ **Stadtkirche**. Erbaut um 1300 war sie bis 1813 Kirche der Franziskaner (Barfüßer), deren Klostergebäude (1232) schließen sich an.

✞ **St. Anna-Kirche**. Besonders hervorzuheben ist das östl. Chorfenster von 1380, das in 18 Medaillonbildern Szenen aus dem Leben Jesu darstellt.

✱ **Haus der sieben Laster** (1567), Brückeng. 9. Die in die Balkenköpfe geschnitzten Figuren stellen, von rechts nach links, Folgendes dar: Hoffart, Geiz, Neid, Unkeuschheit, Unmäßigkeit, Zorn und Trägheit.

✱ Als erster steinerner Überweg ersetzte die **Alte Lahnbrücke** (1315-20) die Holzbrücke aus der Mitte des 11. Jhs. An ihrem Ende wurde zur gleichen Zeit als äußere Bewehrung der Brückenturm errichtet.

✉ **Erlebnisfreibad Parkbad**, ✆ 3950

🚲 **Fahrradwerkstatt Zweirad-Center Meuer**, Limburger Str., ✆ 06432/934880

🚲 **Bierbrauer Radtechnik**, Schiede 33-35, ✆ 23353

🚲 **Biwak Trekking und Bikes**, Schaumburger Str. 1, ✆ 98280

Geschichte(n) auf Schritt und Tritt erlebt man in Limburg — ob zu Fuß oder per Rad. Eine erzählt, direkt an der Lahn, die 600 Jahre alte Steinbrücke. Nachdem sie im 11. Jahrhundert auf Anregung des Priesters Gottfried Clamator (der Rufer) in Holzbauweise errichtet wurde,

Alte Lahnbrücke in Limburg

folgte ihr schon bald der heute noch bestehende Steinbau.

Und ebenso schnell kamen die Limburger auf die Idee, an diesem wichtigen Punkt der Fernhandelsstraße Antwerpen — Byzanz Brückenzoll zu erheben — sehr zum Unbillen des Königs, der das nicht genehmigt hatte. Erst Kaiser Karl IV. gewährte dieses Recht 1357 und schuf damit eine solide Grundlage der Stadtfinanzen für die nächsten 500 Jahre.

Einer der Limburger Herren, Konrad Kurzbold, begründete das St.-Georgs-Stift, das Otto der Große 940 zum Dank für den Sieg 939 bei Andernach weiter ausbaute und 942

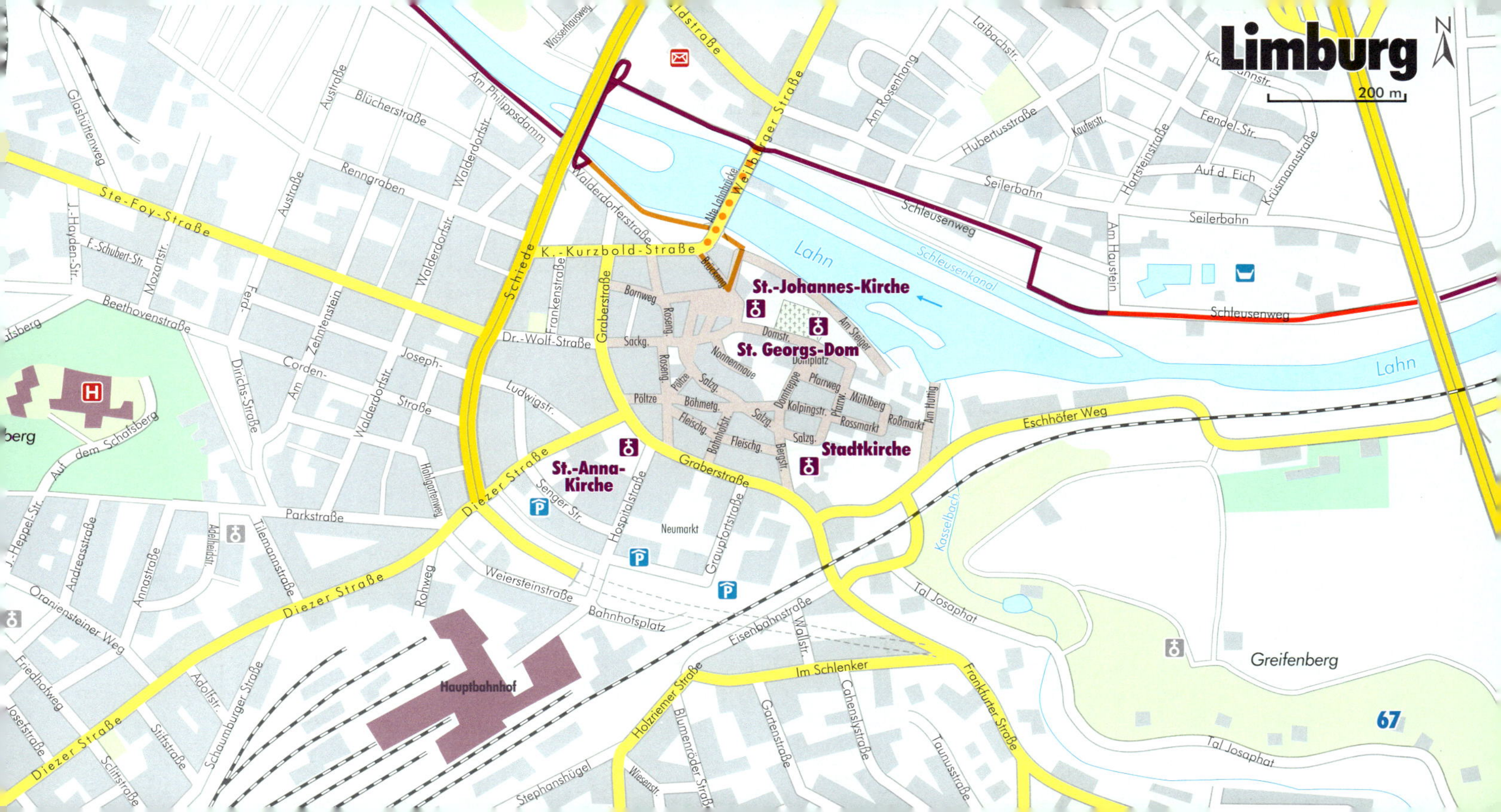
Limburg
200 m
N
St.-Johannes-Kirche
St. Georgs-Dom
Stadtkirche
St.-Anna-
Kirche
Hauptbahnhof
Lahn
Lahn
Schleusenkanal
Greifenberg
Neumarkt
Ste-Foy-Straße
K.-Kurzbold-Straße
Schiede
Graberstraße
Diezer Straße
Eschhöfer Weg
Frankfurter Straße
Im Schlenker
Weilburger Straße
Alte Lahnbrücke
Brückengasse
Walderdorfferstraße
Schleusenweg
Seilerbahn
Tal Josaphat
Domplatz
Domstr.
Nonnenmauer
Bornweg
Rosengasse
Sackg.
Pöltze
Böhmetg.
Fleischg.
Salzg.
Kolpingstr.
Pfarrweg
Mühlberg
Roßmarkt
Rossmarkt
Am Huttig
Am Steiger
Bahnhofstr.
Bergstr.
Domtreppe
Dr.-Wolf-Straße
Frankenstraße
Ludwigstr.
Joseph-
Straße
Corden-
Am Zehntenstein
Walderdorffstr.
Senger Str.
Hospitalstraße
Grauptfortstraße
Weiersteinstraße
Bahnhofsplatz
Eisenbahnstraße
Wallstr.
Parkstraße
Adelheidstr.
Tilemannstraße
Annastraße
Andreasstraße
J.-Heppel-Str.
Oranienstreiner Weg
Friedhofweg
Josefstraße
Adolfstr.
Schaumburger Straße
Stiftstraße
Schiftstraße
Rohweg
Hohlgartenweg
Holzriemer Straße
Blumenröder Straße
Gartenstraße
Cahenslystraße
Taunusstraße
Stephanshügel
Wiesenstr.
Kasselbach
Auf dem Schafsberg
Beethovenstraße
Mozartstr.
F.-Schubert-Str.
J.-Hayden-Str.
Glashüttenweg
Austraße
Blücherstraße
Renngraben
Am Philippsdamm
Wasserhausweg
Dirichs-Straße
Ferd.-
Am Rosenhang
Hubertusstraße
Laibachstr.
Kaufestr.
Hartsteinstraße
Fendel-Str.
Auf d. Eich
Krüsmannstraße
Am Haustein
67

unter seinen persönlichen Schutz stellte.

Die Siedlung am östlichen Fuße des Burgberges entwickelte sich schnell unter dem Schutz des Stiftes und die Kaufleute bekamen bald nach dem Bau der ersten Mauer im 12. Jahrhundert Münz- und Maßrechte, 50 Jahre später schon die Stadtrechte. Mit der Verpfändung der Stadt 1344, Pest und Bränden, vor allem aber durch die Kleinstaaterei der Territorialfürsten begann der Abstieg der Handelsstadt.

Der daraus resultierende lange Dornröschenschlaf der Stadt beschert uns heute das nahezu komplette mittelalterliche Ensemble aus Dom und hunderten Fachwerkbauten, an denen kaum je etwas verändert wurde. Der gesamte ehemals ummauerte Altstadtkern, behutsam restauriert und saniert, steht deshalb heute unter Denkmalschutz. Zwischen den Hallenhäusern der Handelsherren, in deren Innerem ganze Pferdewagen von Galerien aus be- und entladen wurden, Burgmannenhöfen und Stiftsherrenhäusern finden sich auch einige der ältesten Fachwerkhäuser Deutschlands, der 1296 erbaute Römer 1 und Römer 2-6 (1289).

Die Sanierung der Altstadt brachte aber vor allem eine Wiederbelebung mit sich, so dass mittlerweile im Zentrum der 35.000-Einwohner-Kreisstadt wieder erstklassig gewohnt, gearbeitet und flaniert werden kann.

Tipp: Durch Limburg führt auch die geschichtsträchtige Route entlang der Herrschaftsgebiete der Oranier. Details zu dieser Radtour von Nassau nach Bad Arolsen gibt es im *bikeline*-Radtourenbuch Oranier-Route.

Von Limburg nach Lahnstein

60,5 km

Mit zahlreichen Schlingen und Windungen bahnt sich die Lahn ihren Weg durch die hügelige und waldreiche Landschaft des Naturparkes Nassau. Als kulturelle und architektonische Höhepunkte erleben Sie das Städtchen Diez und die weithin bekannte Kurstadt Bad Ems. Und von hier aus sind es dann nur mehr wenige Kilometer bis zum Zusammentreffen mit dem großen europäischen Strom, dem Rhein in Lahnstein.

Der bisher so schöne Radweg führt auch im vierten und letzten Abschnitt weiter. Der Radweg ist jedoch noch nicht ganz durchgehend ausgebaut (Balduinstein-Laurenburg), hier bleibt Ihnen als Alternative das Umsteigen auf die Lahntalbahn.

Diez – Schloss Oranienstein

Diez

Von Limburg nach Laurenburg — 25 km

Vom Zentrum kommend suchen Sie sich einen Weg zum Ufer ⌇ auf dem linken Ufer Limburg hinter sich lassen ⌇ die Bahnlinie unterqueren ⌇ vor der nächsten Querstraße rechts abzweigen ⌇ gleich darauf links unter der Brücke hindurch, zur Linken die Lahn ⌇ unmittelbar nach Unterquerung der Brücke links und dann wieder rechts ⌇ immer auf der ruhigen Straße meist in Ufernähe nach Diez weiter ⌇ unterhalb des etwas versteckten **Schloss Oranienstein** entlang ⌇ vor dem Campingplatz links steil hinauf ⌇ nach einem Linksbogen rechts in die **Oraniensteiner Straße** von dort geradeaus, die **Oraniensteiner Brücke** rechts liegen lassend, in die Diezer Altstadt ⌇ kurz vor dem **Alten Markt** rechts über die **Alte Lahnbrücke**.

Diez
PLZ: 65582; Vorwahl: 06432

- **Tourist-Information**, Wilhelmstr. 63, ☎ 501275
- Personenlahnschifffahrt Heldmann, FGS „Wappen von Limburg" (Linie Limburg – Balduinstein – Limburg), Anlegesteg Diezer Lahnanlagen, ☎ 06431/3984
- Stiftskirche mit Fürstengruft
- Grafenschloss mit Schlossbrunnen. Das Schloss aus dem 11. Jh. beherbergt heute die Diezer Jugendherberge. (Wiedereröffnung voraussichtlich August 2005).
- **Barockschloss Oranienstein**, ☎ 9401666, ÖZ: nur mit Führung (bitte an der Wache melden) April-Okt., Sa, So/Fei (außer Mo) 10.30, 14 und 15.30 Uhr, Di-Fr 9, 10.30, 14 und 15.30 Uhr. Auf den Grundmauern des im 30-jährigen Krieg zerstörten Benediktinerinnenklosters Dirstein erhebt sich nördlich von Diez seit dem 17. Jh. der Barockbau hoch über die Lahn. Die Apsis der alten Klosterkirche von 1223 ist noch deutlich zu erkennen. Heute wird es von der Bundeswehr genutzt. Das Museum Nassau-Oranien im Schloss bezeugt die ehemals sehr engen Beziehungen der Oranierstadt Diez zu den Niederlanden.

- Diezer Altstadtfest
- **Vermietung von Kanus, Kajaks und Canadiern, Bootswerkstätte Danner**, ☎ 81389. Lahntours-LT-Aktivreisen, ☎ 06426/92800.
- **Freibad Birlenbach**, ☎ 82956, ÖZ: 15. Mai–Sept., Mo–So 10-19 Uhr
- **Oranienbad** mit Sauna, Solarium, Fitnessraum, Whirlpool, ☎ 62626
- **Mauer Zweirad-Center**, Fahrräder, Bike-Shop, Limburger Straße 167, ☎ 62037 od. 62038 (Bike-Shop)
- **Lahntours Station Diez**, In den Lahnanlagen, ☎ 875521, www.lahntours.de

Die Felke- und Oranierstadt Diez unterhielt schon seit Jahrhunderten engsten Kontakt mit

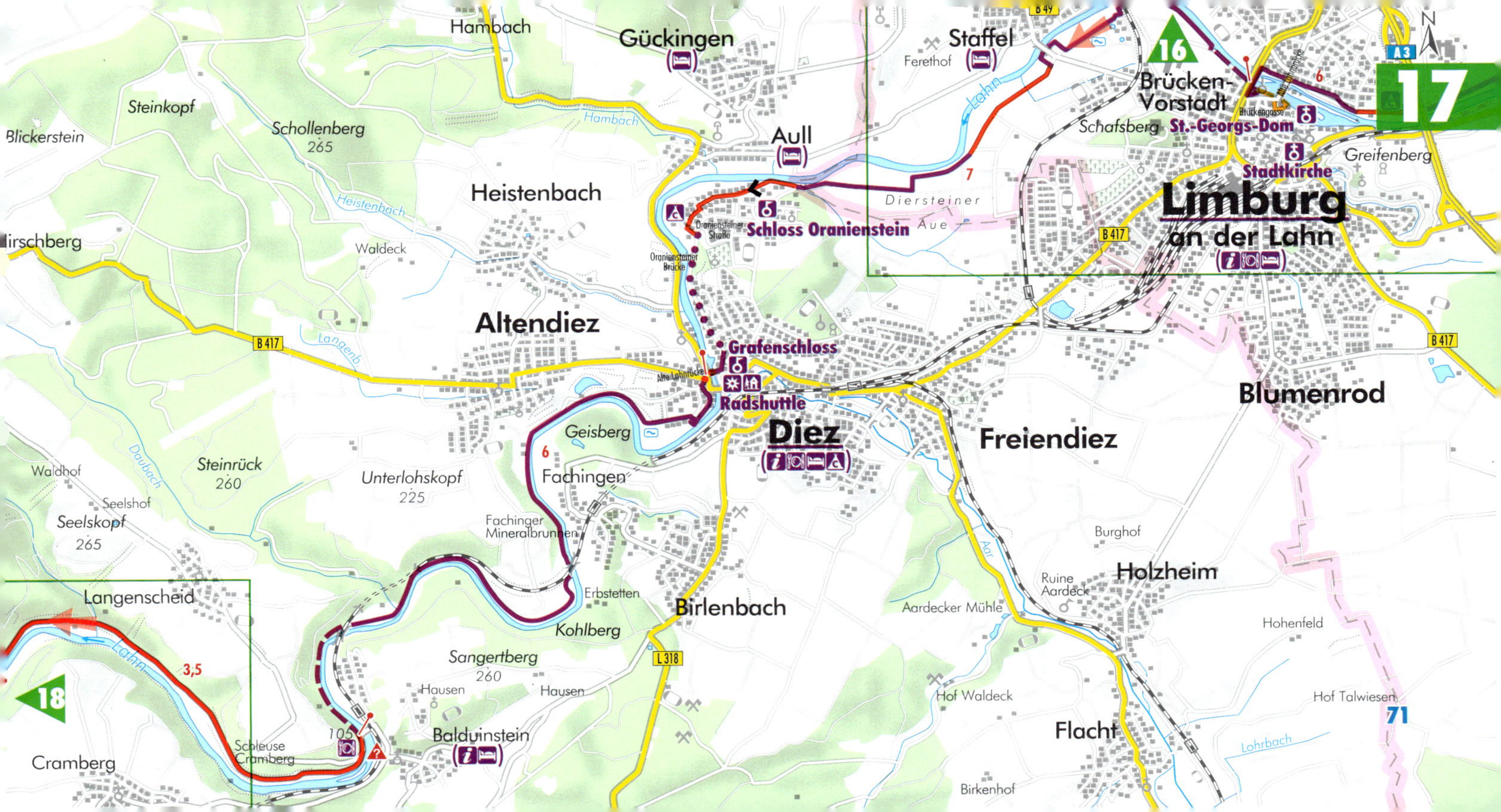

Hambach
Gückingen
Staffel
Ferethof
16
Brücken-
Vorstadt
Alte Lahnbrücke
Brückengasse
A 3
17
Steinkopf
Blickerstein
Schollenberg
265
Hambach
Aull
Lahn
Schafsberg
St.-Georgs-Dom
Greifenberg
Stadtkirche
Heistenbach
Heistenbach
Diersteiner
Aue
7
6
Limburg
an der Lahn
Oranienstein Straße
Schloss Oranienstein
Oranienstein Brücke
Waldeck
B 417
Altendiez
B 417
Langenb
Grafenschloss
Alte Lahnbrücke
Radshuttle
Geisberg
Diez
Freiendiez
Blumenrod
B 417
Waldhof
Daubach
Steinrück
260
Unterlohskopf
225
Fachingen
Seelshof
Seelskopf
265
Fachinger
Mineralbrunnen
Burghof
Holzheim
Ruine
Aardeck
Aar
Langenscheid
Erbstetten
Birlenbach
Aardecker Mühle
Hohenfeld
Kohlberg
L 318
Lahn
3,5
Sangertberg
260
18
Hausen
Hausen
Hof Waldeck
Hof Talwiesen
71
105
Schleuse
Cramberg
Balduinstein
Flacht
Lohrbach
Cramberg
Birkenhof

den Niederlanden. Die Herren der „Güldenen Grafschaft" versahen lange Zeit Statthalterdienste in niederländischen Provinzen und Ernst Casimir von Nassau-Diez, ein Neffe des berühmten „Schweigers" Wilhelm von Oranien, war maßgeblich an der Befreiung der Niederlande von der spanischen Herrschaft zu Anfang des 17. Jahrhunderts beteiligt. Die heutige Königin der Niederlande stammt in direkter Linie von ihm ab.

Die Oranierprinzessin Albertine Agnes, nach dem Tod ihres Mannes auch Gräfin von Diez, begann 1672 mit dem Bau des Schlosses Oranienstein auf den Klosterruinen (s. o.) und siedelte vom mittelalterlichen Grafenschloss in der Stadt hier herauf. Doch schon direkt nach ihrem Tod 1696 begannen der Architekt Daniel Marot und Tessiner Stukkateure zusammen mit dem niederländischen Maler van Dyck einen erneuten Umbau zum heutigen Barockjuwel.

Zum Abschluss legte der berühmte Gartenarchitekt Friedrich Ludwig von Skell 1783-86 Schlosspark und Garten mit der Lindenallee zum Diezer Schloss als Mittelachse neu an.

Noch 1861 diente es als Residenz – 1801-06 sogar den Eltern des ersten Königs der Niederlande als Exil – für Angehörige der nassauischen herzoglichen Familie. Der letzte Herzog, Adolf von Nassau, wurde nach seiner Vertreibung übrigens Erbgroßherzog von Luxemburg. Seither dient das Schloss den jeweils herrschenden Militärs als Verwaltungsstelle oder Kaserne. 1929 sowie noch einmal nach dem Zweite Weltkrieg wurde es renoviert und das Museum Nassau-Oranien (s. o.) eingerichtet – jeweils mit großzügiger niederländischer Hilfe.

Führungen durch die kleine aber feine Diezer Altstadt, überragt vom alten Grafenschloss, das heute Jugendherberge ist, sind auf Wunsch möglich. Infos dazu bei der Tourist-Information.

Tipp: Ab Diez steht Ihnen wieder ein Rad-Shuttle zur Verfügung, um den Anstieg zwischen Geilnau und Laurenburg zu umgehen. Sie können hier also wieder ins Kanu umsteigen, Rad und Gepäck werden auch hier mit dem Bus weitertransportiert, Kosten pro Shuttlefahrt: 23,50 bis 27,50 Euro. Infos: ☎ 06426/92800 (in den Lahnanlagen zwischen den beiden Diezer Brücken). Hier gibt es wiederum eine alternative Zugverbindung zwischen Diez und Laurenburg.

Die Weiterfahrt erfolgt von Diez aus am rechten Ufer ↝ dazu die Lahn ganz einfach auf der Rad- und Fußbrücke, der **Alten Brücke,** queren ↝ beim Kreisverkehr in die Straße „Neue Brücke" ↝ nach wenigen Metern rechts weg in den Radweg ↝ solange am Ufer bleiben, bis ein Pfeil rechts hinaufweist.

Tipp: Sie müssen Ihr Fahrrad hier ein Stückchen schieben.

In der Kleingartenkolonie rechts halten ↝ dann links und noch einmal links ↝ die Kläranlage passieren ↝ nun 6 Kilometer lang auf dem Radweg direkt am Ufer bis nach **Balduinstein/Lahntal** hier auf die normale Straße abbiegen ↝ ⚠ nach dem Gasthof links ab nach Geilnau.

Fachingen

🚢 **Personenlahnschifffahrt Heldmann,** FGS „Wappen von Limburg" (Linie Limburg – Balduinstein – Limburg), ✆ 06431/3984

Vielleicht genehmigen Sie sich hier, während einer durchaus „sprudelnden" Radreise, ein Stilles Wasser aus der berühmten Heilquelle als gesunden Durstlöscher?

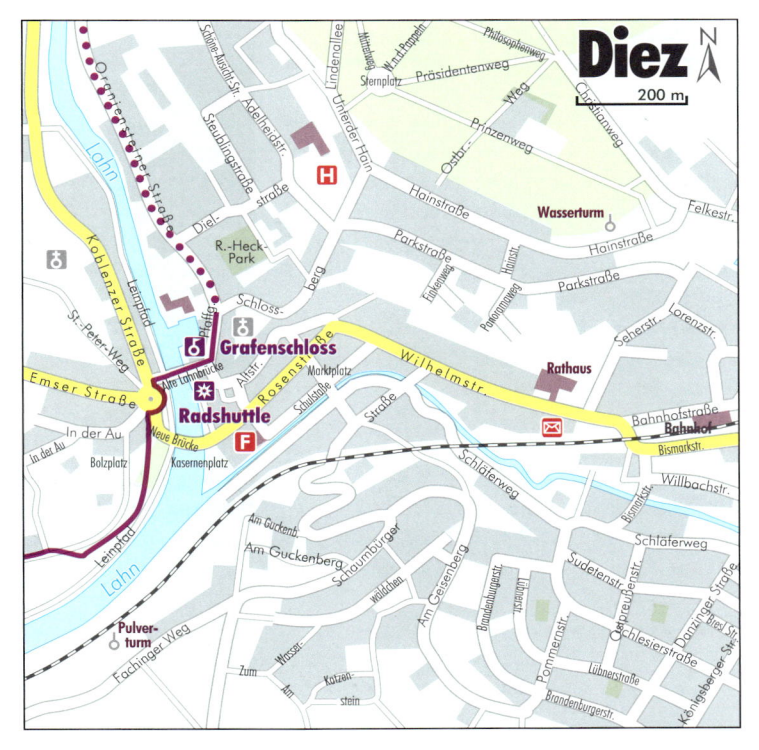

Tipp: Die Wegstrecke zwischen Balduinstein und Laurenburg ist derzeit nicht besonders empfehlenswert, da der Weg hier nicht mehr an der Lahn entlangführt. Das heißt, Sie müssen aus dem Tal hinaus nach Holzappel (starke Steigung). Von Holzappel weiter über die B 417 stark bergab nach Laurenburg. Alternativ können Sie in Balduinstein daher auch auf die Lahntalbahn umsteigen. Die Fahrt nach Laurenburg dauert 8 Minuten und Ihr Fahrrad wird kostenlos mitgenommen.

Balduinstein
PLZ: 65558; Vorwahl: 06432

- Tourist-Information Diez, ✆ 501275
- Personenlahnschifffahrt Heldmann, FGS „Wappen von Limburg" (Linie Limburg – Balduinstein – Limburg), ✆ 06431/3984
- Schloss Schaumburg. Erbaut Ende 12. Jh., ÖZ: Besichtigung Mai-Okt. tägl. 10-17 Uhr, Mo Ruhetag.
- Burgruine Balduinstein erbaut 1319

Geilnau

Tipp: Achtung! Bitte fahren Sie nicht auf dem Uferweg weiter, dieser führt nur zur Schleuse!

⚠ Hier in Geilnau auf die normale Straße aus dem Tal 3 Kilometer steil bergauf nach Holzappel ↝ hier werden Sie mit herrlichen Ausblicken belohnt.

Holzappel
PLZ: 56379; Vorwahl: 06439

- Heimat- und Bergbaumuseum im Rathaus an der Johanneskirche, ✆ 7542
- Peter-Melander-Kirche mit Gruft der Grafen von Holzappel
- Herthasee, Freibad, Bootsverleih, Angelparadies

Im Zentrum des Naturparks Nassau haben Sie hier – mangels Wegen direkt an der Lahn – einmal den erhöhten Blick hinein in die Hügel des sich nördlich erstreckenden Westerwaldes. Das ehemalige Städtchen Holzappel hat übrigens bereits mehr als 1.000 Jahre auf seinem Buckel und war einst Hauptort einer gleichnamigen Grafschaft; Mittelpunkt der Esterau ist es daneben immer noch.

Im Ort kurz vor der Hauptstraße links ↝ auf Höhe der Kirche wieder links Richtung Scheidt ↝ rechts in die **Taunustraße** ↝ Holzappel verlassen und in rasanter Abfahrt steil hinunter zurück ins Lahntal nach Laurenburg.

Tipp: Bis zur Abzweigung von Holzappel nach Laurenburg beträgt das Gefälle streckenweise 8 %.

Laurenburg

- Burg Laurenburg, erbaut 1093 -1117, mit Militaria-Sammlung im Bergfried. ÖZ: ganzjährig geöffnet, 10-18 Uhr, Di Ruhetag. übrigens waren die damaligen Grafen von Laurenburg Vorfahren derer von Nassau-Oranien.

Tipp: Für alle die sich den anstrengenden Steigungen bis Laurenburg ersparen wollen, empfiehlt es sich eine Station mit der Bahn zu fahren.

Von Laurenburg nach Bad Ems   22 km

Ab Laurenburg weiter auf der Bundesstraße (B 417) ↝ nach zirka 2 Kilometern erreichen Sie den neu ausgebauten Radweg entlang des

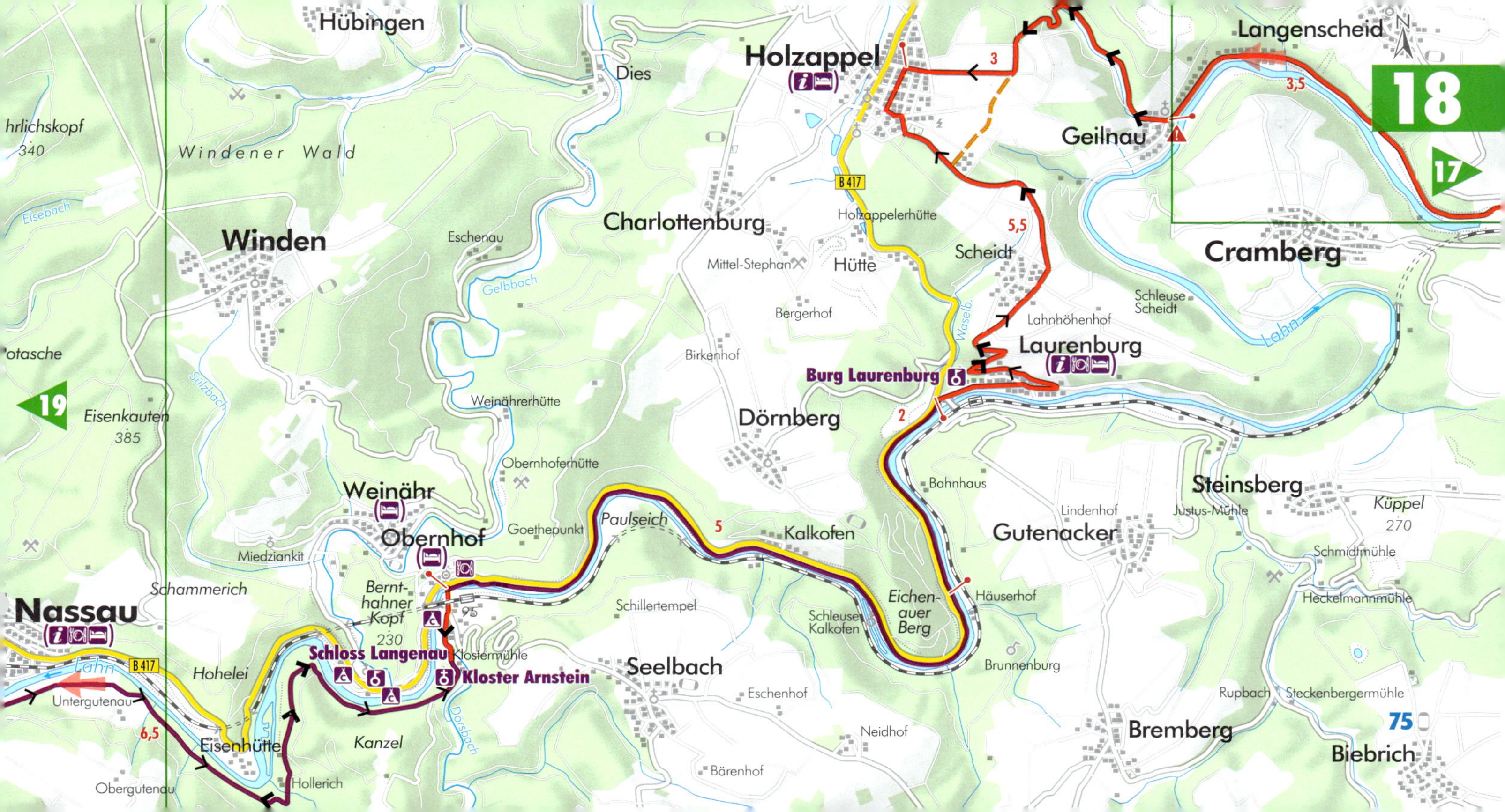

18
17
19
Hübingen
Holzappel
Dies
Langenscheid
Geilnau
3
3,5
hrlichskopf
340
Windener Wald
Elsebach
Winden
Eschenau
Charlottenburg
Holzappelerhütte
B 417
5,5
Scheidt
Cramberg
Mittel-Stephan
Hütte
Gelbbach
Bergerhof
Schleuse Scheidt
Lahnhöhenhof
Lahn
otasche
Birkenhof
Laurenburg
Burg Laurenburg
Sülzbach
Weinährerhütte
Eisenkauten
385
Dörnberg
2
Obernhoferhütte
Bahnhaus
Weinähr
Steinsberg
Küppel
270
Lindenhof
Justus-Mühle
Paulseich
5
Kalkofen
Gutenacker
Obernhof
Goethepunkt
Miedziankit
Schmidtmühle
Schammerich
Bernt-hahner Kopf
230
95
Schillertempel
Eichen-auer Berg
Häuserhof
Heckelmannmühle
Nassau
Schleuse Kalkofen
Schloss Langenau
Klostermühle
Hohelei
Kloster Arnstein
Seelbach
Brunnenburg
Untergutenau
Eschenhof
Rupbach
Steckenbergermühle
Dörsbach
75
6,5
Eisenhütte
Kanzel
Neidhof
Bremberg
Biebrich
Hollerich
Bärenhof
Obergutenau

Lahnufers ↝ nun weiter abseits der Bundesstraße am Radweg nach Obernhof.

Obernhof
PLZ: 56379; Vorwahl: 02604
- **Verkehrsverein**, ✆ 337 od. 6271
- **Kloster Arnstein**, ✆ 97040. Prämonstratenser-Abtei aus dem 11. Jh., Besichtigung der Klosterkirche, Führung auf Anfrage
- **Schloss Langenau** (1234), ✆ 942135. Große Talburg
- **Bootsverleih Schweickhardt-Wolff**, ✆ 7260 od. 950055, ÖZ: Ostern–Ende Sept.
- **Weinbergführungen** und **Weinproben**, ✆ 970230

Weinähr

In Obernhof tauchen plötzlich wieder Schilder auf, die nach links über die Lahn weisen ↝ danach rechts zum **Kloster Arnstein** ↝ steil geht's zum Kloster hinauf ↝ der Weg führt nun am Hang hügelig nach Nassau ↝ in Bergnassau rechts auf die Hauptstraße ↝ am anderen Ufer liegt Nassau.

Nassau
PLZ: 56377; Vorwahl: 02604
- **Tourist-Info Nassauer Land**, Obertal 9a, ✆ 95250, ÖZ: Mo–Fr 9–18 Uhr, Sa 10–13 Uhr, So 11–14.30 Uhr.
- **Personenschifffahrt**, ✆ 95250, rustikale Schifffahrt, Linie Nassau – Obernhof – Nassau (nur So)
- **Stammburg Nassau-Oranien**, (1134), 1980 restauriert, ✆ 02604/942954
- **Stein'sches Schloss**, ✆ 970812. Erbaut 1621, Geburtsort des Reichsfreiherrn vom und zum Stein (1757–1831)
- **Bootsverleih Hofmann**, ✆ 1639 of. 942083, ÖZ: Mitte April–Anfang Okt.
- **Michelsmarkt** am letzten Wochenende im Sept.,✆ 95250
- **Freibad**, ✆ 7177, ÖZ: 15. Mai–20. Sept.

Auf dem straßenbegleitenden Radweg am linken Ufer weiter ↝ die Bundesstraße führt dann über die Lahn hinüber ↝ diesseits des Flusses bleiben und geradeaus in die Sackgasse hinein ↝ auf dem Radweg über die Gleise ↝ parallel zur Bahn in die nächste Ortschaft Dausenau ↝ rechts über die Bahn ↝ vor der Brücke nach Dausenau links ans Ufer der Lahn.

Dausenau
PLZ: 56132; Vorwahl: 02603
- **Heimat- und Verkehrsverein**, ✆ 6525
- **Emporenhallenkirche**, mit romanischem Wehrturm und rheinischem Rhombendach.
- **Rathaus**. Der 1432 errichtete Bau ist damit das zweitälteste Fachwerkrathaus Deutschlands.
- **Schiefer Turm** mit Ringmauer und Wachttürmen rings um den Ort
- (über) **1000-jährige Gerichtseiche** mit ca. 15 m Stammumfang

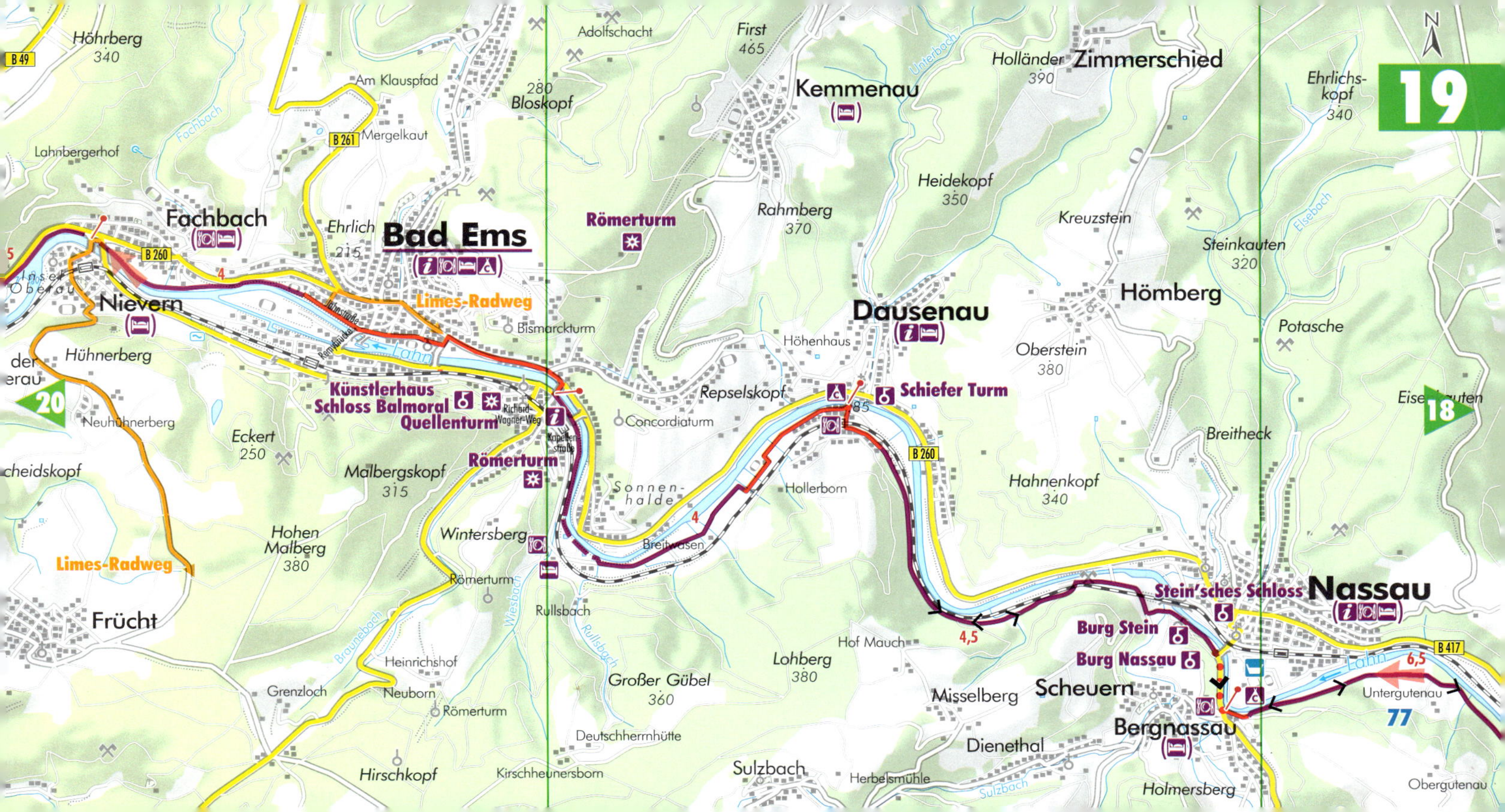
19
Höhrberg
340
B 49
Am Klauspfad
Adolfschacht
First
465
Holländer
390
Zimmerschied
Kemmenau
Ehrlichs-
kopf
340
280
Bloskopf
Fachbach
B 261
Mergelkaut
Lahnbergerhof
Unterbach
Heidekopf
350
Rahmberg
370
Kreuzstein
Elsebach
Steinkauten
320
Fachbach
Bad Ems
Römerturm
Ehrlich
215
B 260
4
Nievern
Limes-Radweg
Dausenau
Hömberg
Potasche
Bismarckturm
Höhenhaus
Oberstein
380
Hühnerberg
Lahn
Künstlerhaus
Schloss Balmoral
Quellenturm
Richard-Wagner-Weg
Repselskopf
Schiefer Turm
85
Concordiaturm
20
Neuhühnerberg
Eckert
250
Breitheck
18
Malbergskopf
315
Römerturm
Sonnen-
halde
Hollerborn
B 260
Hahnenkopf
340
4
Hohen
Malberg
380
Wintersberg
Breitwasen
Limes-Radweg
Römerturm
Stein'sches Schloss
Nassau
4,5
Rullsbach
Wiesbach
Früchl
Burg Stein
Burg Nassau
B 417
Lahn
6,5
Hof Mauch
Heinrichshof
Lohberg
380
Scheuern
Untergutenau
77
Brauneбach
Rullsbach
Großer Gübel
360
Misselberg
Grenzloch
Neuborn
Römerturm
Bergnassau
Deutschherrnhütte
Dienethal
Sulzbach
Hirschkopf
Kirschheunersborn
Herbelsmühle
Sulzbach
Holmersberg
Obergutenau

line-Radtourenbuch Limes-Radweg Teil 1 – Von Bad Hönningen nach Miltenberg.

Bad Ems
PLZ: 56130; Vorwahl: 02603

🛈 **Stadt- und Touristikmarketing Bad Ems e.V.**, Bahnhofsplatz, ✆ 0175/2602034

⛴ **Personenschifffahrt Lahnstolz**, ✆ 02603/4376 und 06432/82135, Linie Bad Ems-Obernhof-Bad Ems, Mi und So; Lahn-Rhein-Mosel-Rundfahrt Di und Sa; sowie halbstündige und einstündige Rundfahrten.

🏛 **Emser Bergbaumuseum**, Emser Hütte 2, ✆ 14665, ÖZ: So 14-16 Uhr

🏛 **Kur- und Stadtmuseum**, Stadtarchiv, Römerstr. 97, ✆ 3572, ÖZ: April-Sept., Di-Fr, So 14-17 Uhr, Okt.-März, Mi, Fr 14-17 Uhr. Zwischen Vor- und Früh-, Stadt- und Industriegeschichte sowie der Kunst der Region dreht sich hier vieles um den Aufstieg der Kurstadt von mittelalterlichen Ursprüngen bis hin zum Welt- und Fürstenbad des 19. Jhs. und dessen sozialen Aspekten.

🕌 **Russisch-Orthodoxe Kirche**, Wilhelmsallee, ✆ 4491. Das Kirchengebäude von 1876 beherbergt viele interessante Kunstwerke.

🏛 **Künstlerhaus Schloss Balmoral**, Villenpromenade 11, ✆ 9419-0, Führungen n. V. Das im Jahre 1867 in Formen italienischer Frührenaissance und mit neugotischen Einflüssen errichtete ehemalige Nobelhotel wird heute zur Förderung von Stipendiaten der Bildenden Künste genutzt.

🏛 **Römerturm** (rekonstruiert)

🏛 **Wall und Graben der Limesbefestigung**, im Wald zwischen Schweighausen und Dornholzhausen zeichnet sich dieser besonders eindrucksvoll ab.

Zwischen Bahnline und Lahn nun weiter nach Bad Ems ~ bei der Gabelung links auf den **Bahnhofplatz** ~ rechts in die **Bahnhofstraße** ~ über die Lahn auf der **Bahnhofsbrücke** ~ geradeaus über die **Mainzer Straße** in den Ort Bad Ems ~ links in die verkehrsberuhigte **Römerstraße**.

Tipp: In Bad Ems besteht die Möglichkeit, auf den Deutschen Limes-Radweg zu wechseln. Genauere Informationen zur Routenbeschreibung finden Sie im *bike-*

Bad Ems – Römerquelle

- **Quellenturm**, Wilhelmstr. 1, Wahrzeichen von Bad Ems.
- **Bartholomäusmarkt** mit **Blumenkorso** am letzten Wochenende im August.
- **Bootsverleih Kreutz**, Carl-Heyer-Promenade-Wilhelmsallee, ☎ 13964
- jährliches Internationales **Jacques-Offenbach-Festival**, Info unter ☎ 94150
- **Kurwaldbahn** (Kabinen-Seilbahn) zur Bismarckhöhe, ☎ 973130 (Bergstation) und ☎ 973131 (Talstation), Fahrzeiten tägl. 6.15-22.30 Uhr.
- älteste **Spielbank** Deutschlands, Römerstr. 8, Im Kursaalgebäude, ☎ 4541, Mo-So ab 17 Uhr.
- **Emser Therme**, Viktoriaallee, ☎ 97900, ÖZ: Sa, So/Fei 9-20 Uhr, Mo 13-22 Uhr, Di-Fr 9-22 Uhr. Angeboten wird in der Therme Hallen- und Freibad mit Thermalwasser, Sauna. (Di Damensauna, sonst Gemeinschaftssauna), Dampfbäder, Sonnenbänke, Massage und ein Fitnessstudio.
- Fahrradwerkstatt und -verleih „**Sporthütte**", Marktstr. 52, ☎ 919570

Highlight am Lahntal-Radweg: Bad Ems

Ganz besonders schön sind Landschaft und Lahntal-Radweg rund um Bad Ems. Die Kurstadt ist damit ein **idealer Start- oder Zielpunkt** Ihrer Tour oder ein absolut **lohnenswerter Zwischenstopp** für ein tolles Erholungs- und Besichtigungsprogramm.

Relaxen nach dem Radeln — Sehenswürdigkeiten in Hülle und Fülle — Macht Spaß!

Kostenloses Infopaket anfordern!
Stadt- und Touristikmarketing Bad Ems e.V.
Tel. 02603-9415-0, www.bad-ems.info

Das moderne **Bad Ems**, heute für jedermann erschwinglich, war einst Kurort und gesellschaftlicher Treffpunkt des europäischen Hochadels und während die einfachen Gäste ihre Vergnügen beim Eselreiten hatten, machten andere (Kultur-) Geschichte.

Das heutige Künstlerhaus Schloss Balmoral war so ein Ort, an dem Leute wie Rimskij-Korssakow oder Richard Wagner verkehrten, ein weiterer das Vier-Türme-Haus, nicht zu vergessen im Zentrum das Kurhaus mit dem berühmten Marmorsaal. Die Exportartikel Emser Salz, Emser Pastillen und Emser Sole sind den meisten ja noch bekannt, aber finden Sie vor Ort heraus, was es mit der Emser Depesche auf sich hat?

Bad Ems – Quellenturm

Den großen Erfolg als Heil- und Kurort verdankt Ems – neben seinen Heilquellen selbst natürlich – den Schriften von Dr. Johann Dryander, dem Leibarzt der Kurfürsten und Erzbischöfe von Main und Trier, in denen er 1535 das „Eymsser Bade" empfahl und erklärte „was natur es in im hab. Wie man sich darin halte soll. Auch zu was Kranckheit es gebraucht soll werden."

Doch bekannt waren die salz-, mineral- und kohlesäurereichen Quellen, wie auch ihre Wirkung, schon viel früher: die Römer übernahmen den Ort bei der Errichtung des Limes

Bad Ems

schon von den Kelten und Germanen und sie brachten die ersten Kaiser mit – wenn auch nur als Prägung auf ihren Münzen. Später bezeugt Kaiser Friedrich I. Barbarossa die Heilquellen von „Oumence" auf einer Belehnungsurkunde, gefasst wurden sie erstmals im 14. Jahrhundert.

Fachbach
- Marienfelsenkapelle
- Kanuverleih GM Sports, Insel Oberau, ☎ 933466

Von Bad Ems nach Lahnstein　　　13,5 km

Von der **Römerstraße** links in die Straße **Am Alten Rathaus** noch vor der Kaiserbrücke rechts in die **Viktoriaallee** bei der Remybrücke geradeaus in die **Jahnstraße** bis zur letzten Station dieses Radwegs, also bis nach Lahnstein am Rhein, führt der Lahntalradweg immer am rechten Ufer des Flusses entlang bis direkt zur Mündung in den Rhein.

Friedrichssegen
- Bei einem Ausflug ins **Tal des Erzbaches** finden sich interessante Spuren des Erzbergbaus (bereits schon seit römischer Zeit) und der Bergbausiedlung. ÖZ: Di 14-17 Uhr sowie nach vorheriger Vereinbarung.

Lahnstein
PLZ: 56112; Vorwahl: 02621

- **Touristinformation Lahnstein**, Stadthallenpassage, ☎ 914171
- **Hexenturm**, Oberlahnstein. Der Wehrturm aus dem Jahre 1324 bildet die nordöstl. Ecke der alten Wehrgänge zur Stadtbefestigung und beinhaltet auch das Stadtmuseum.
- **Allerheiligenberg-Kapelle**, erbaut 1671, mit Klostergebäude.
- **Klosterkirche St. Johannes Baptist**, Niederlahnstein. Die romanische Pfeilerbasilika mit Seitenschiffemporen und Westturm entstand um 1130 auf dem Grund einer karolingischen Kirche von 850 und ist die älteste Emporenkirche am Mittelrhein. Sie präsentiert sich heute im restaurierten Originalzustand mit beispielhaft klarer romanischer Gliederung.
- **Burg Lahneck**, Oberlahnstein, ☎ 02627/8419, ÖZ: April-Okt., Mo-So 10-17.30 Uhr. Im Anblick der Ruinen – die Burg von 1245 wurde im Dreißigjährigen Krieg durch die Schweden und 1689 durch die Franzosen zerstört – schrieb Goethe 1774 den „Geistesgruß". Zwischen 1852 und 1937 wurde sie dann im Stil englischer Gotik wieder aufgebaut. Im Sommer finden alljährlich die Theateraufführungen der Freilichtspiele statt. Von der Anlage bietet sich ein ausgezeichneter Blick auf Lahn und Rhein und das gegenüberliegende Schloss Stolzenfels.
- **Kurfürstliches Schloss Martinsburg**, Oberlahnstein. In ihrer heutigen Erscheinung aus dem 14. Jh. stammend, diente die Anlage den Mainzer Erzbischöfen als Wasser- und Zollburg. Sie gilt damit als ältestes Zollamt Deutschland.
- **Altes Rathaus**, Oberlahnstein. Der rheinische Fachwerkbau (15. Jh.) mit gotischer Halle im Erdgeschoss (ehemalige Markthalle) wurde um 1540 umgebaut. Auffällig ist der barocke Glockendachreiter.
- Der **fränkische Königshof Salhof**, erstmals 977 erwähnt, dient heute als städtischer Empfangssaal. Die ältesten erhaltenen Teile stammen aus den Jahren 1150-70, im Barock wurde er 1686 umgestaltet und erweitert.
- **Schleuse Lahnstein** mit Aussichtsplattform und Infotafel über die Lahnschifffahrt.

20
19
Koblenz
Karthause
Oberwerth
Königsbach
Rommelsberg
Siechhaustal
Hasenberg
275
Augustahöhe
Burg Stolzenfels
Rhein-Radweg
Rhein-Radweg
B 49
B 9
B 327
B 9
B 42
B 260
B 260
B 261
Arzheim
235
Egeberger Hof
Asterstein
Pfaffendorf
Horchheim
Wintersborner Berg
Griesentalbach
Mühlenbach
Mariannenhof
Horchheimer Höhe
355
Liedches Berg
Niederlahnsteiner
Wald
Mehrsberg
320
Nieder-
Allerheiligen
Hohenrhein
Wolfsmühle
Friedland
Weißmühle
Lahnstein
Burg Lahneck
Feldberg
260
Lahnstein auf der Höhe
Süßgrund
Biebricher Kopf
205
Friedrichssegen
Geierkopf
320
Auf der Oberau
Insel Oberau
Elisenhof
Höhrberg
340
Höhr
330
Lahnbergerhof
Fachbach
Nievern
Hühnerberg
Miellen
Neuhühnerberg
Scheidskopf
Großer Mühlberg
Limes-Radweg
Frücht
Bad Ems
Ehrlich
215
Am Klauspfad
Mergelkaut
Limes-Radweg
Künstlerhaus
Schloss Balmoral
Quellenturm
Eckert
250
Malbergskopf
315
Hohen Malberg
380
Wintersberg
Römerturm
Heinrichshof
Neuborn
Römerturm
Hirschkopf
81
Lahn
Rhein
4
5
4,5
70
75
85

✳ **Stadtfest** am zweiten Wochenende im September
🔺 **Wildromantische Ruppertsklamm**, ca. 2km vor Lahnstein an der Lahn/B260, gegenüber Lahnstein-Friedland
✉ **Freibad**, Am Burgweg, Oberlahnstein, ✆ 2500, ÖZ: Juni-Aug., Mo-So 9-21 Uhr.
🏃 **Laufrad**, Bahnhofstr. 20a, Niederlahnstein, ✆ 62197.

Nach früher Besiedlung in Stein-, Bronze- und Eisenzeit waren es die Römer, die mit dem Limes 81-96 n. Chr. das erste Bauwerk an der Lahnmündung anlegten, das auch heute noch erkennbar ist. Dieser rechtsrheinische Grenzwall „gegen die Barbaren" musste im letzten Viertel des 3. Jahrhunderts durch einen Burgus verstärkt werden, der als „domus fortis supra Lonetam", als festes Haus an der Lahn, den heutigen Namen begründet.

Mit den Römern kam das Christentum und sogar die Gebeine des Heiligen Lubentius, eines frühchristlichen Missionars im Rhein-, Mosel- und Lahntal, wären als Reliquie beinahe im Ort geblieben. Leider zog das der Legende nach führerlose Boot andertags weiter die Lahn hinauf nach Dietkirchen. Aus dieser Zeit – um die Mitte des neunten Jahrhunderts – datieren aber das erste Vorgängerkirchlein der Johanniskirche und der fränkische Salhof, der Herrenhof, der das königseigene Salland zu bewirtschaften hatte.

Durch verschiedene Schenkungen trennte die Lahn bald die kurmainzerische Stadt Oberlahnstein vom kurtrierischen Reichsgut Niederlahnstein, zu dem wenig später auch das feste Haus „Logenstein", der Burgus, kam. Die Stadtrechte und -freiheiten erhielt (Ober)„Laynstein" 1324 von Ludwig dem Bayern und sozusagen in Sammelbestellung von Kurfürst Balduin von Trier für viele trierische Burgen und Orte im Jahre 1332 auch Niederlahnstein.

Während Oberlahnstein nun stark befestigt wurde und eine zweifache Stadtmauer mit Gräben und 16 Türmen erhielt, musste der trierische Nachbar gut 550 Jahre auf eine Umsetzung dieser kaiserlichen Urkunde warten. Erst im Deutschen Reich wurde 1885 auch Niederlahnstein die städtische Freiheit verliehen. Wehrhaft war es aber dennoch durch Wälle und vier Tore und die burgartig ausgebaute römische Burgusruine an der Lahnmündung.

Das damalige Vierländereck zwischen dem kölnischen Rhens und der Pfälzer Marksburg in Braubach, trierischem und mainzerischem Besitz, machte den Ort zum idealen Versammlungsplatz der Kurfürsten, die hier u. a. den „Kurverein zu Rhense" (1338) aushandelten. Dieser gab ihnen das Recht, jeden von ihnen gewählten König auch ohne päpstliche Zustimmung zum rechtmäßigen deutschen Kaiser krönen zu dürfen. Später im Jahr 1400 wurde König Wenzel von Böhmen, da er nicht wie ersucht erschien – „Er blieb zu Prag, wie das Schwein in seinem Stalle", wie eine Urkunde vermerkt – kurzerhand bei der Liebfrauenkapelle in Lahnstein abgesetzt. Diese wird seither Wenzelskapelle genannt.

Einen ersten Schlussstrich unter die jahrhundertelange Trennung der Hainze und Baare, wie sich die Ober- und Niederlahnsteiner gegenseitig nennen, zog Napoleon, der sie gemeinsam dem Herzogtum Nassau zuteilte. Aber erst die Verwaltungsreform von 1969 verschmolz die beiden Orte rechtlich zur Stadt Lahnstein mit mittlerweile knapp 20.000 Einwohnern.

Die vielfältigen Zeugen dieser Geschichte(n) besuchen Sie am besten während einer zweistündigen Stadtführung, die von Mai bis September immer mittwochs um 14 Uhr am Hexenturm startet.

Tipp: Wenn Sie bis ans Ufer des Rheins radeln und mit der Fähre ans andere Ufer nach Koblenz übersetzen, können Sie problemlos direkt an den Rhein-Radweg anschließen. Genauere Informationen finden Sie im *bikeline*-Radtourenbuch **Rhein-Radweg Teil 3 – Von Mainz nach Rotterdamm.**

Sie haben nun das Ende Ihrer Radreise erreicht. Wir hoffen, Sie hatten einen erlebnisreichen und interessanten Radurlaub und freuen uns, dass Sie ein *bikeline*-Radtourenbuch als Begleiter gewählt haben. Das gesamte *bikeline*-Team wünscht eine gute Heimreise!

Übernachtungsverzeichnis

Bett & Bike

Alle mit dem Bett & Bike-Logo (🚴) gekennzeichneten Betriebe nehmen an der ADFC-Aktion „Fahrradfreundliche Gastbetriebe" teil. Sie erfüllen die vom ADFC vorgeschriebenen Mindestkriterien und bieten darüber hinaus so manche Annehmlichkeit für Radfahrer. Detaillierte Informationen finden Sie in den ausführlichen Bett & Bike-Verzeichnissen – diese erhalten Sie überall, wo's bikeline gibt.

Dieses Verzeichnis beinhaltet folgende Übernachtungskategorien:

H	Hotel
Hg	Hotel garni
Gh	Gasthof, Gasthaus
P	Pension, Gästehaus
Pz	Privatzimmer
BB	Bed and Breakfast
Fw	Ferienwohnung (Auswahl)
Bh	Bauernhof
Hh	Heuhotel
🏠	Jugendherberge, -gästehaus
⛺	Campingplatz
△	Zeltplatz (Naturlagerplatz)

Es erhebt keinen Anspruch auf Vollständigkeit und stellt keine Empfehlung der einzelnen Betriebe dar. Die römische Zahl (I–VII) nach der Telefonnummer gibt die Preisgruppe des betreffenden Betriebes an. Folgende Unterteilung liegt der Zuordnung zugrunde:

I   unter € 15,–
II   € 15,– bis € 23,–
III € 23,– bis € 30,–
IV   € 30,– bis € 35,–
V   € 35,– bis € 50,–
VI   € 50,– bis € 70,–
VII über € 70,–

Die Preisgruppen beziehen sich auf den Preis pro Person in einem Doppelzimmer mit Dusche oder Bad inkl. Frühstück. Übernachtungsbetriebe mit Zimmern ohne Bad oder Dusche, aber mit Etagenbad, sind durch das Symbol ✗ nach der Preisgruppe gekennzeichnet.

Da wir das Verzeichnis stets erweitern, sind wir für Ihre Anregungen dankbar. Die Eintragung erfolgt für die Betriebe natürlich kostenfrei.

Netphen-Lahnhof
PLZ: 57250; Vorwahl: 02737
H Forsthaus Lahnquelle, Eisenstr. 1, ✆ 59580, V

Glashütte
PLZ: 57334; Vorwahl: 02754
H Jagdhof Glashütte, Glashütter Str. 20, ✆ 3990, VI

Grossenbach
PLZ: 57334; Vorwahl: 02754
Gh Zur Siegquelle, Großenbacher Str. 2, ✆ 8321, IV-V

Feudingen
PLZ: 57334; Vorwahl: 02754
H Hotel im Auerbachtal, Wiesenweg 5, ✆ 375880, IV-V
H Lahntal-Hotel, Sieg-Lahn-Str. 23, ✆ 267, VI

Hotel im Auerbachtal

Ruhiges und familiengeführtes Hotel
***Superior mit 16 Zimmern.

Erholen Sie sich in unserem Hallenbad (5x10 m), in der Sauna und dem großen Wintergarten. Genießen Sie bei uns: Forellen aus eigenen Teichen und Wild aus heimischen Wäldern.

Familie Hans-Georg Müller
Wiesenweg 5
57334 Bad Laasphe-Feudingen

Telefon 0 27 54/3 75 88-0
Fax 0 27 54/3 75 88-88
auerbachtal@t-online.de

www.auerbachtal.de

H Landhotel Doerr, Sieg-Lahn-Str. 23, ✆ 3700, VI
P Parzinski, Siegener Str. 78, ✆ 8452, III

Bermershausen
PLZ: 57334; Vorwahl: 02754
Gh Autschbach, Bermershäuser Str. 2, ✆ 271, III

Banfe
PLZ: 57334; Vorwahl: 02752
Gh E. Roth, Banfetalstr. 67, ✆ 6533, III (ca. 5 km vom Radweg entfernt)

Bad Laasphe
PLZ: 57334; Vorwahl: 02752
i Touristinformation, Im Haus des Gastes, ✆ 898
H Ramada-Hotel, Höhenweg 1, ✆ 1050, V-VI
H Lahnblick, Höhenweg 10, ✆ 5090, IV-V
Hg Berghaus Sieben, Mühlfeld 14, ✆ 4767-0, IV-V
P Erika Haars, Dammstr. 35, ✆ 6448, II
P Kamerichs, Ditzroderweg 18, ✆ 6120
▲ Campingplatz Laasphetal, Wasserstr. 58, ✆ 6490

Wallau
PLZ: 35216; Vorwahl: 06461
P Achenbach, Hardtstr. 10, ✆ 8568, I
Pz Lenz, Haferfeld 7, ✆ 8173, I
Pz Stark, Kirchweg 12, ✆ 983200, I
Pz Röhr, Graubachstr. 8, ✆ 8479, I

Biedenkopf
PLZ: 35216; Vorwahl: 06461
i Tourist-Information Biedenkopf, Hainstr. 63, ✆ 95010
H Berggarten Waldhotel, Am Altenberg 1, ✆ 4900, III-IV
H Akzent Park-Hotel, Auf dem Radeköppel 2, ✆ 7880, V-VI
Pz E. Ronzheimer, Tuchmacher Weg 30, ✆ 2621, I
▲ Jugendherberge Haus der Jugend, Am Freibad 15, ✆ 5100

Kombach
PLZ: 35216; Vorwahl: 06461
Pz A. Muth, Am Hirschstein 18, ✆ 2401, I

Dautphetal
PLZ: 35232; Vorwahl: 06466
i Gemeindeverwaltung, ✆ 9200

Buchenau:
H Nassauer Hof, Neue Landstr. 20, ✆ 1209, II
Gh Zum Bahnhof, Elmshäuser Str. 24, ✆ 360
Fw Holzem, Seelbachstr. 13, ✆ 1783

Elmshausen:
Gh Freund, Am Holleracker 18, ✆ 473

Mornshausen:
Fw und Zeltmöglichkeit, Ferienerlebnis bei Momo, Steinhardtweg 10 ✆ 06468/912600

Brungershausen
PLZ: 35094; Vorwahl: 06420
i Gemeindeverwaltung Lahntal, ✆ 8230-0
▲ Zum Dammhammer, Zum Dammhammer 2, ✆ 7172 oder ✆ 1405

Kernbach
PLZ: 35094; Vorwahl: 06420
i Gemeindeverwaltung Lahntal, ✆ 82300
▲ Camping Kernbach, Zum Campingpl. 4, ✆ 7494

Caldern
PLZ: 35094; Vorwahl: 06420
i Gemeindeverwaltung Lahntal, ✆ 82300
H Landhotel Zur Grünen Linde, Rimbergstr. 1, ✆ 839650
Pz Damm, Mauerackerstr. 6, ✆ 7396

Sterzhausen
PLZ: 35094; Vorwahl: 06420
Gh Wittgensteiner Hof, Wittgensteiner Str. 16, ✆ 7704
Gh Pizzeria Del Gialdo, ✆ 0162/5620279

Michelbach
PLZ: 35041; Vorwahl: 06420
H Stümpelstal, Stümpelstal 2-6, ✆ 9070, VI-V

Goßfelden
Vorwahl: 06423
Gh Graf, Bahnhofstr. 2, ✆ 4663
Gh Scheel, Lindenstr. 2, ✆ 1056

Gh Zum Eisenwerk, Siegener Str. 35, ✆ 92111

Sarnau
PLZ: 35094; Vorwahl: 06423
i Gemeindeverw. Lahntal, ✆ 06420/82300
H Village, Hauptstr. 38a, ✆ 54120, IV-V
Gh Zur Aue, Biedenkopfer Str. 14, ✆ 6382, II

Cölbe
PLZ: 35091; Vorwahl: 06421
i Gemeindeverwaltung Cölbe, Kasseler Str. 88, ✆ 98500
H Restaurant Orthwein, Kasseler Str. 48, ✆ 98610, IV
H Flair-Hotel Company, Lahnstr. 6, ✆ 98660, V

Hotel Restaurant Orthwein
Seit 1671 in Familienbesitz

Unsere Hotelzimmer sind ausgestattet mit Du und WC, Haartrockner, Radio, Kabel TV, Direktwahltelefon, Zimmersafe, Modemanschluss und verfügen über schallisolierte Fenster.

**Gehobene gutbürgerliche Küche
- Biergarten - Überdachte Aussenterrasse**

Für Ihre Fahrräder steht Ihnen eine abgeschlossene Garage sowie Werkzeug für kleinere Reparaturen gratis zur Verfügung. Trockenraum für nasse Kleidung.

Kasseler Str. 48, 35091 Cölbe/Marburg,
direkt am Lahn-Radweg,
www.hotel-orthwein.de; E-Mail: info@hotel-orthwein.de
Tel.: 06421/98610, Fax: 06421/986161

85

Marburg
PLZ: 35037; Vorwahl: 06421

- Marburg Tourismus und Marketing GmbH, Pilgrimstein 26, ✆ 99110
- H Europäischer Hof, Elisabethstr. 12, ✆ 6960, IV-VI
- H Cala Luna, 35039, Alte Kasseler Str. 68, ✆ 590680, V
- H Sorat, Pilgrimstein 29, ✆ 9180, VI
- Hg Waldecker Hof, Bahnhofstr. 23, ✆ 60090, V-VI
- Hg Village, Bahnhofstr. 14, ✆ 685880, V-VI
- Hg Tusculum, Gutenbergstr. 25, ✆ 22378, IV-V
- Gh Hotel Cölber Hof, Kasseler Str. 49, ✆ 82222, II-III
- Gh Hostaria del Castello, Markt 19, ✆ 24302, IV-V
- P Plateau, Jakob-Kaiser-Str. 1, ✆ 360611, II
- P Orthwein, Gladenbacher Weg 60, ✆ 33716, II-III
- P Gästehaus Müller, Deutschhausstr. 29, ✆ 65659, III-IV
- P Schneider, Gladenbacher Weg 39, ✆ 34236, II
- P Zum Grünen Ast, 35041, Annablickweg 12, ✆ 64312, III-V
- Pz Haus Anna, Stadtwaldstr. 57, ✆ 33352, III
- Pz Ernst Boss, 35039, Brüder-Grimm-Str. 4a, ✆ 26715, II
- Pz Giera, 35043, Goethestr. 18, ✆ 43295, II
- Pz Kohlhauer, Gladenbacher Weg 98, ✆ 34735, III
- Pz Steinebach, 35039, Pommernweg 10, ✆ 41371, II
- Jugendherberge Marburg, Jahnstraße 1, ✆ 23461
- Freizeitgelände Stadtwald, Am Runden Baum 2, ✆ 33511
- Campingplatz Lahnaue, Trojedamm 47, ✆ 21331

Cappel
PLZ: 35043; Vorwahl: 06421
- H Carle, Ronhäuser Str. 8, ✆ 94930, III-IV

Gisselberg
PLZ: 35043; Vorwahl: 06421
- H Fasanerie, Zur Fasanerie 15, ✆ 97410, V-VI

Niederweimar
PLZ: 35096; Vorwahl: 06421
- Gh Weimarer Hof, Herborner Str. 45, ✆ 78096, II
- Pz Schneider, Alte Bahnhofstr. 31a, ✆ 7442, II

Wolfshausen
PLZ: 35096; Vorwahl: 06421
- H Bellevue, Hauptstr. 30, ✆ 79090, V-VI

Fronhausen
PLZ: 35112; Vorwahl: 06426
- Hg Euler, Bahnhofstr. 10, ✆ 206, III-IV

Lollar
PLZ: 35457; Vorwahl: 06406
- Stadtverwaltung, Holzmühler Weg 76, ✆ 9200
- H Mühlenhof, Kirchstraße 14, ✆ 830140, V
- H San Remo, Marburger Str. 40, ✆ 91930, III
- H Sorrento, Marburger Str. 75, ✆ 91640, III
- P K. Sitte, Marburger Str. 6, ✆ 1533, II

Ruttershausen
PLZ: 35457; Vorwahl: 06406
- Campingplatz, Unterg. 16, ✆ 1510

Wissmar
PLZ: 35436; Vorwahl: 06406
- Campingplatz Wissmarer See, Am Wißmarer See, ✆ 75697

Wettenberg
PLZ: 35457; Vorwahl: 06406
- P Nelly, Bachstr. 33, ✆ 832643

Krofdorf-Gleiberg
PLZ: 35435; Vorwahl: 0641
- H Zur Linde, Burgstr. 84, ✆ 948890, III
- H Wettenberg, Am Augarten 1, ✆ 982050, V

Launsbach/Wettenberg
PLZ: 35435; Vorwahl: 0641
- H Schöne Aussicht, Gießener Str. 3, ✆ 982370, V

Giessen
PLZ: 35390; Vorwahl: 0641
- Information, Berliner Pl. 2, ✆ 19433
- H Best Western Hotel Steinsgarten, Hein-Heckroth-Str. 20, ✆ 38990, VI
- H City-Hotel, Kreuzpl. 2, ✆ 932370, IV-V

Hotel - Restaurant Fasanerie
Zur Fasanerie 13 - 15
35043 Marburg-Gisselberg
Tel. (0 64 21) 9741-0
Fax. (0 64 21) 9741-77
Internet: www.hotel-fasanerie.de
Email: info@hotel-fasanerie.de

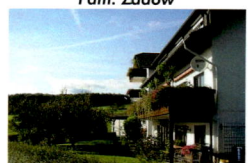

Haus Vroni
Fam. Zädow

- Herrlicher Waldblick
- Natur pur
- Übernachtungen mit und ohne Frühstück
- Dusche, Bad, WC

Hellenbergstr. 14, 35457 Lollar-Ruttershausen
Tel.: 06406/3539, Fax: 06406/830261
www.pensionvroni.de.vu

H Am Ludwigsplatz, Ludwigspl. 8, ✆ 931130, V

H Kloster Schiffenberg, 35394, ✆ 490444, II

H Altes Eishaus, Wißmarer Weg 45, ✆ 389080, IV

H Köhler, Westanlage 35, ✆ 97999-0, IV-V

H Kübel, Bahnhofstr. 47, Ecke Westanlage, ✆ 77070, V-VI

H Parkhotel Friedrichstraße, 35392, Friedrichstr. 1, ✆ 975510, III-IV

H Tandreas, 35394, Licher Str. 55, ✆ 94070, V

H Waldfrieden, 35396, Waldfrieden 2, ✆ 51979, II

H Adler, Bahnhofstr. 99, ✆ 74399, III-IV

Hg Groth, 35392, Leihgesterner Weg 25, ✆ 74747, III-V

Hg Sletz, 35394, Wolfstr. 26, ✆ 401290, V

Hg Liebig-Hotel Garni, Liebigstr. 21, ✆ 73097, V

Hg Residenz-Hotel, 35396, Wiesecker Weg 12, ✆ 39980, V

Gh Auenhof, 35396, Vixröder Str. 5, ✆ 948880, III

Gh Wilhelma, 35392, Wilhelmstr. 3, ✆ 792305, II

Gh Karlsruh, 35396, Marburger Str. 200, ✆ 51109, III

△ Am Schwimmbad, Pfingstweide 13, ✆ 22541

🏠 Jugendherberge Gießen, 35398, Richard-Schirrmann-Weg 53 (An der Hardt), ✆ 65319

Kleinlinden
PLZ: 35398; Vorwahl: 0641

H Rosner, Wetzlarer Str. 82, ✆ 922000, III-IV ♿

Heuchelheim
PLZ: 35452; Vorwahl: 0641

ℹ Gemeindeverwaltung, Linnpfad 30, ✆ 600222

Pz Kraft, Wilhelmstr. 80, ✆ 63728, III

Pz Gästehaus am Park, Marktstr. 45, ✆ 9605661

Dutenhofen
PLZ: 35582; Vorwahl: 0641

Gh Adler, Gießener Str. 1, ✆ 922280, II-III

Gh Gambrinus, Gießener Str. 20, ✆ 21204, II

Pz Hüller, Bahnhofstr. 23, ✆ 29322, II ♿

Münchholzhausen
PLZ: 35581; Vorwahl: 06441

P Ferienwohnung Schluckspecht, Jahnstraße 31, ✆ 73560, IV-V

Lahnau-Waldgirmes
PLZ: 35633; Vorwahl: 06441

Hg Triangel, Rodheimer Str. 50a, ✆ 65177, V ♿

Lahnau-Dorlar
PLZ: 35633; Vorwahl: 06441

ℹ Gemeindeverwaltung, Rathausstr. 1, ✆ 96440

Gh Zur grünen Au, Gartenstr. 4, ✆ 61357, III

Fw Altes Backhaus, Wetzlaer Str. 21, ✆ 62288 od. 0177/1486370

Naunheim
PLZ: 35584; Vorwahl: 06441

H Naunheimer Mühle, Mühle 2, ✆ 93530, V-VI ♿

P Ferienwohnung Jung, Am Stammler 2, ✆ 34143, II-III

Garbenheim
PLZ: 35583; Vorwahl: 06441

Gh Hedderich, Kreisstr. 94, ✆ 42374, II

P Ferienwohnung Knüpfing, Friedenstr. 40, ✆ 46431, III

Niedergirmes
PLZ: 35576; Vorwahl: 06441

Hg Niedergirmes, Kirchstr. 1, ✆ 32158, IV ♿

Nauborn
PLZ: 35580; Vorwahl: 06441

Gh Zum Siebenmühlental, Wetzlarer Straße 1, ✆ 22550, II

P Ferienwohnung Hofmann, Scheidweg 16, ✆ 27493, IV

Hermannstein
PLZ: 35586; Vorwahl: 06441

P Schmejkal, Loherstr. 6, ✆ 35448, II ♿

Gh Zur Post, Wetzlarer Str. 30, ✆ 32201, III

Gh Wagner, Aßlarer Str. 10, ✆ 32725, II-III

Wetzlar
PLZ: 35578; Vorwahl: 06441

ℹ Tourist-Information, Dompl. 8, ✆ 997750

H Blankenfeld, Im Amtmann 20, ✆ 7870, V

H Bürgerhof, Konrad-Adenauer-Promenade 20, ✆ 9030, V

H Spilburg, Schanzenfeldstr. 13, ✆ 952001, III

H Mercure, Bergstr. 41, ✆ 4170, VI ♿

II-III

H Best Western Hotel Wetzlar, 35576, Karl-Kellner-Ring 40, ✆ 9060, V

H Wetzlarer Hof, Obertorstr. 3, ✆ 9080, V ♿

H Wollbacher Tor, Goethestr. 14, ✆ 47030, III-IV ♿

H Restaurant-Café Dern, Kirschenwäldchen 8, ✆ 23011, V

Hg Euler-Haus, 35576, Buderuspl. 1, ✆ 503300, IV

P Schmejkal, Loher Str. 6, ✆ 35448 ♿

P Domblick, 35576, Langg. 64, ✆ 90160, V ♿

P Ferienwohnung Schmidt, Lahnstr. 39, ✆ 48439, V

Pz Wang, 35576, Pestalozzistr. 21, ✆ 32187, II

🏠 DJH Jugendherberge, Richard-Schirrmann-Str. 3, ✆ 71068 ♿

🏠 Sport- und Bildungsstätte der Sportjugend Hessen, Friedenstr. 99, ✆ 97960 ♿

△ Campingplatz Niedergirmes, Dammstr. 52, ✆ 34103

△ Campingplatz Dutenhofener See, Dutenhofener See 1, ✆ 21245

Steindorf
PLZ: 35579; Vorwahl: 06441

Gh Adria, Hauptstr. 55, ✆ 24804, III

Albshausen
PLZ: 35606; Vorwahl: 06441

H Parkhotel, Laubacher Weg 29, ✆ 24892, V

Oberbiel
PLZ: 35606; Vorwahl: 06441

Übernachtungsverzeichnis

P Raddatz, Am Nußbaum 20, ✆ 51952, II

Oberndorf
PLZ: 35606; Vorwahl: 06442

P Haus Bollersberg, Braunfelser Str. 3, ✆ 1627, III

Solms
PLZ: 35606; Vorwahl: 06442

Hg Schönwetter, Stadionstr. 20, ✆ 94940, IV
P Waldblick, Schöne Aussicht 9, ✆ 1427, II
▲ Rotana Zeltplatz Scholleck, Im Scholleck 1, ✆ 23332
▲ Krumos Zeltplatz Scholleck, Im Scholleck 1, ✆ 92118
▲ Zeltplatz Solms, Im Scholleck 1, ✆ 922527 (für Jugendliche und Familien)

Leun
PLZ: 35638; Vorwahl: 06473

i Stadtverwaltung Leun, Bahnhofstr. 25, ✆ 9144-0
H Kohlmeyer, Burgsolmser Str. 2, ✆ 06442/7418, II
▲ Berg Camping, Hermann-Löns-Weg 17/Zufahrt B49, ✆ 8501
▲ „In den Lahnwiesen", ✆ 914414

Biskirchen:
Hg Adler, Am Hain 13, ✆ 92920, V-VII
Pz Dern, Bissenberger Str. 26, ✆ 8548, II-III
Pz Lehnhausen, Ostlandstr. 13, ✆ 1674, II
Pz Am Hain, Am Hain 12, ✆ 1396

Löhnberg
PLZ: 35792; Vorwahl: 06471

i Gemeindeverwaltung, Obertorstr. 5, ✆ 98660
H Zur Krone, Obertorstr. 1, ✆ 6070, V
Gh Landgasthof „Bei Kleins", Vorderstraße 7, ✆ 98054

Waldhausen
PLZ: 35781; Vorwahl: 06471

Gh Grüner Kranz, Merenbergerstr. 17, ✆ 2941, III
P Haus Hubertus, Birkenstr. 8, ✆ 30986, II
Pz Sauer, Merenberger Str. 48, ✆ 7598, II

Weilburg
PLZ: 35781; Vorwahl: 06471

i Tourist-Information Kur- und Verkehrsverein, Mauerstr. 6, ✆ 31467
H Weilburg Garni, Frankfurter Str. 27, ✆ 91290, III-V
H Schlosshotel Weilburg, Am Schloss, ✆ 50900, VI
H Lahnschleife, Hainallee 2, ✆ 49210, VI
H Am Schiffstunnel, Ahäuser Weg 4, ✆ 61872, II-III
H Lindenhof, Frankfurter Str. 23, ✆ 912600, V

Odersbach:
i Kur- und Verkehrsverein Odersbach, ✆ 7620
P Heimann, Kurt-Schumacher-Str. 20, ✆ 7552, II
▲ Jugendherberge, Am Steinbühl 1, ✆ 7116

▲ Camping Odersbach, Runkeler Straße 5a, (direkt a. d. Lahn), ✆ 39872

Weinbach
PLZ: 35796; Vorwahl: 06471

Gh Zum Lahnfelsen, Lahnstr. 38a, ✆ 4886, III
▲ Campingplatz, In der Aue 1, ✆ 490320 (ÖZ: ganzjährig)

Aumenau
PLZ: 65606; Vorwahl 06474

H Lahnbrücke, Brückenstr. 1, ✆ 91490, V
FW Schaffner, Feldstr. 27, ✆ 8572
FW Sahl, Mittelstr. 4, ✆ 8427

Landhotel Adler
Am Hain 13, 35638 Leun - Biskirchen
Tel.: 06473/92920, Fax: 929292
info@landhotel-adler.com
www.landhotel-adler.com

Alle Zimmer mit Dusche/WC, Telefon, TV, Minibar, Föhn und Radio.
Restaurant & Biergarten.
Radverleih, Gepäcktransfer, Lunchpaket und Shuttleservice.

Etappenziel Weilburg

Hotel WEILBURG Garni
Frankfurter Str. 27, 35781 Weilburg

Empfohlen für Radfahrer vom ADFC

Tel.: 06471 - 9129 - 0
Tel.: 0700 WEILBURG/0700 93452874
Fax: 06471 - 9129 - 79
http://www.Hotel-Weilburg.de
E-Mail: info@Hotel-Weilburg.de

Hotel Lahnbrücke
Brückenstr. 1, 65606 Aumenau
Tel.: 06474/9149-0 • Fax: 06474/9149-49
hotellahnbruecke@aol.com • www.hotel-lahnbruecke.de

Alle Zimmer mit Dusche/WC, TV und Telefon. Restaurant auch mit vegetarischer Küche und Lahnterrasse. Gepäcktransfer u. Lunchpaket für Radler.
Kleines Landhotel mit gemütlichen Zimmern in ruhiger Lage – Direkt an der Lahn und am R7 gelegen - Genießen Sie auf der idyllischen Lahnterrasse den seltenen Lahnwein und vom Chef geschmackvoll zubereitete Speisen. Mittwoch Ruhetag

Villmar
PLZ: 65606; Vorwahl 06482
- Tourist-Info, König-Konrad-Str. 12, ✆ 07320
P Behr, Dr.-Jakob-Hartmann-Str. 2, ✆ 821, II-III
FW Haus unterm Kirschbaum, Weyandstr. 2, ✆ 5428
 oder ✆ 0162/4627435
Naturfreundehaus Lahntal, Wilhelmsmühle, ✆ 2127,
 ✆ 069/6662677

Runkel
PLZ: 65594; Vorwahl 06482
- Stadtverwaltung, Burgstr. 4, ✆ 91610
Gh Thomas, Schadecker Str. 1, ✆ 4201, III
P Sonnenhof, Sonnenhof, ✆ 4523, II
P Goethestübe, Schadecker Straße 2, ✆ 4201, III
P Malsch, Burgstr. 18, ✆ 919456
Fw Kreuter, Am Gesetz 4, ✆ 353, II-III
- Lahntours Campingplatz Runkel, Zur Bleiche,
 ✆ 911022 (ÖZ: April-Sept.)

Schadeck:
H Landhaus Schaaf, Oberstr. 15, ✆ 2980, IV-V
Pz Gertz, Am Rotweinberg 6, ✆ 1595, V
Pz Ferienappartment Kreuter, Am Gesetz 4, ✆ 353

Hofen:
BB Bett & Frühstück, Hofener Mühle, ✆ 339, IV-V,

Limburg
PLZ: 65549; Vorwahl: 06431

- Verkehrsverein, Hospitalstr. 2, ✆ 203-0 u. 6166
H Nassauer Hof, Brückeng. 1, ✆ 9960, V-VI
H Martin, Holzheimer Str. 2-3, ✆ 94840, V
H Dom-Hotel Limburg, Grabenstr. 57, ✆ 9010, V-VI
H Huss, Bahnhofsplatz 3, ✆ 93350, V
H Montana, Am Schlag 19, ✆ 21920, IV-V
H Mercure Limburg, Schiede 10, ✆ 2070
H Zimmermann, Blumenröder Str. 1, ✆ 4611, VI
H Frankfurter Hof, Frankfurter Str. 7, ✆ 6495, IV
Gh Limburger Hof, Wiesbadener Str. 14, ✆ 42284, III

Gh Schwarzer Adler, Barfüßerstr. 14, ✆ 6387, II
P Priester, Westerwaldstr. 10, ✆ 584788 od. 0171/
2664200, IV
- Jugendherberge, Auf dem Guckucksberg,
 ✆ 41493
- Camping a. d. Lahn, Schleusenweg, ✆ 22610

Staffel:
H Alt-Staffel, Koblenzer Str. 56, ✆ 91910, III

Linter:
Gh Zum Mohr, 65550, Mainzer Str. 55, ✆ 44679,
II-III
P Ferienwohnung Petrak, Heidestraße 21, ✆ 47472

Gückingen
PLZ: 65558; Vorwahl: 06432
Gh Oranienblick, Oranienstener Str. 7, ✆ 82592, III

Gasthof - Pension
„Oranienblick"

Oranienstener Straße 7
65558 Gückingen
Tel: (06432)82592, Fax (06432)83020
E-Mail: oranienblick@t-online.de
www.rhein-lahn-info.de/haus-oranienblick

Aull
PLZ: 65582; Vorwahl: 06432
Gh Zum Lahntal, Koblenzer Str. 12, ✆ 82148, II
P Ferienwohnung Schlossblick, Am Neuberg 19,
 ✆ 83389, III

Diez
PLZ: 65582; Vorwahl: 06432
- Tourist-Information, Wilhelmstr. 63, ✆ 501275
H Wilh. von Nassau, Weiherstr. 38, ✆ 80020, V
H Villa Oranien, Lorenzstr. 14, ✆ 8009876, V
H City-Hotel Diez, Bergstraße 8, ✆ 921569
H Zum Kreuzhof, Ernst-Scheuern-Pl. 3, ✆ 4460, III-
 IV

Nassauer Hof
Hotel-Restaurant an der alten Lahnbrücke
★★★

Brückengasse 1, 65549 Limburg
Tel (04631)996-0, Fax (04631)996555
E-Mail: nassauerhof-limburg@t-online.de
www.hotel-nassauerhof-limburg.de

Suche freundliches Bett!

Inserate in bikeline-Radtouren-büchern kosten wenig und bringen viel. Stellen Sie hier die Vorzüge Ihres Betriebes vor.

Tel: 0043/2983/28982-211
E-Mail: werbung@esterbauer.com

Übernachtungsverzeichnis

Gh Schaumburger Hof, Schaumburger Str. 29, ✆ 2473, II ⓧ
P Haus Ferienblick, In der Ruhstatt 29, ✆ 7669, II
P Ferienwohnung im Grünen, Louise-Seher-Str. 7a, ✆ 921163, V
🛏 Schloss-Jugendherberge, im Grafenschloss, ✆ 2481 ⛺
⛺ Campingplatz Oranienstein, Strandbadweg, ✆ 2122 (ÖZ: Ostern-Okt.)

Balduinstein
PLZ: 65558; Vorwahl: 06432
ℹ Tourist-Information, Wilhelmstr. 63, ✆ 501275
H Lahnblick, Lahntalstr. 4, ✆ 81556, III

Ein Herz für Radfahrer?

Inserate in *bikeline*-Radtourenbüchern kosten wenig und bringen viel.
Stellen Sie hier die Vorzüge Ihres Betriebes vor.
Tel: 0043/2983/28982-211
E-Mail: werbung@esterbauer.com

H Zum Bären, Bahnhofstr. 24, ✆ 83114, V
Gh Hergenhahn, Bahnhofstr. 30, ✆ 8503, III
P Ferienwohnung Waldblick, Brühlstr. 19, ✆ 82327
Pz Gessner, Am Hain 9, ✆ 81561, II ⓧ
Pz Haus Eckart, Am Hain 10, ✆ 81689, II ⓧ

Holzappel
PLZ: 56379; Vorwahl: 06439
P Zum Grünen Baum, Hauptstr. 74, ✆ 5032, II
P Hennemann, Hauptstr. 78, ✆ 426, II
P Ferienwohnung Hedwig Goerke, Esteraustraße 25, ✆ 374, II
P Ferienwohnung Sonneninsel, Hauptstraße 26, ✆ 6497, II

Laurenburg
PLZ: 56379; Vorwahl: 06439
ℹ Tourist-Information, Wilhelmstr. 63, ✆ 501275
Gh Zum Lahntal, Lahnstr. 5, ✆ 7620, II
Gh Zum Schiff, Hauptstr. 9, ✆ 900272, III
Pz Fam. Kah, Hauptstr. 49, ✆ 7920, II

Obernhof
PLZ: 56379; Vorwahl: 02604
ℹ Verkehrsverein, ✆ 337 od. 6271
P Haus Klose, Hauptstr. 35, ✆ 6271, II
Pz Haus Hahn, Neuhäuserweg 15, ✆ 337, I-II ⓧ
⛺ Campingplatz Schloss Langenau an der Lahn, ✆ 4666 o. 4525 (April-Okt.)

Weinähr
PLZ: 56379; Vorwahl: 02604
H Weimer, Hinterwiesen 9, ✆ 1213, III
H Weinhaus Treis, Hauptstr. 1-3, ✆ 9750, III ⛺
Pz Haus Leni, Hauptstr. 46, ✆ 7156, II
Pz D. Justi, Hinterwiesen 7, ✆ 7292, II
Pz Düker, Hinterwiesen 32, ✆ 1673, I

Nassau
PLZ: 56377; Vorwahl: 02604
ℹ Tourist-Info Nassauer Land, Obertal 9a, ✆ 95250
H Lahnromantik, Bezirksstr. 20, ✆ 95310, V
H Zur Krone, Römerstr. 10, ✆ 4515, II-III ⛺
H Hotel Lahnromantik, Bezirksstr. 20, ✆ 95310, III-IV ⛺
H Nassauer Stuben, Kaltbachstr. 3, ✆ 7486, III
H Am Rosengarten, Dr.-Haupt-Weg 4, ✆ 95370, IV
H Zum Nassauer Löwen, Obertal 11, ✆ 4381, II
Gh Zur Wildente, Obernhofer Str. 12, ✆ 4525, III
Pz Houben, Dr.-Mutterer-Str. 3, ✆ 5838, II
Pz Hafermann, Hömbergerstr. 16b, ✆ 1631, I ⓧ
Pz Kreidel, Ackerweg 6, ✆ 5750, I
⛺ Campingplatz Auf der Au, ✆ 4442 (April-Okt.)

Scheuern:
Gh Brückenschänke, Brückenstr. 11, ✆ 4685, II-III

Dausenau
PLZ: 56132; Vorwahl: 02603

ℹ Heimat- und Verkehrsverein, ✆ 6525
H Lahnhof, Lahnstr. 3, ✆ 6174, II-III
⛺ Camping Dausenau, Im Hallgarten 16, ✆ 13964

Bad Ems
PLZ: 56130; Vorwahl: 02603
ℹ Stadt- und Touristikmarketing Bad Ems e. V., Bahnhofsplatz, ✆ 0175/2602034
H Parkhotel, Malbergstr. 7, ✆ 50400, V
H Alter Kaiser, Koblenzer Str. 36, ✆ 94080, V
H Bad Emser Hof, Lahnstr. 6-7, ✆ 91810, V-VI, ⛺
H Häcker's Kurhotel, Römerstr. 1-3, ✆ 7990, VI
H Café Wintersberg, Braubacher Str., ✆ 4282, V
H Schweizerhaus, Malbergstr. 21, ✆ 93630, V
H Prinz Eitel, Koblenzer Str. 64, ✆ 5989, III
H Adria-Kroatien, Koblenzer Str. 1, ✆ 3231, V
H Pfälzer Weinstube, Gartenstr. 1, ✆ 2695
Gh Sporkenburg, Marktstr. 68, ✆ 1257, III ⛺
P Haus Bismarkhöhe, Adolf-Reichwein-Str. 20, ✆ 14564, III
P Zum Wiesengrund, Hauptstr. 1, ✆ 8132
P Schützenhaus, Rullsbach, ✆ 2208, II
P Haus Eisenbeis, Wilhelmsallee 18, ✆ 3166, II-III
P Wittler, Pfahlgraben 7, ✆ 70222, II
P Waldeshöhe, Wintersbergstr. 27, ✆ 2277, II
Pz Eisenbeis, Wilhelmsallee 18, ✆ 3166, III
Pz Noll, Kapellenstr. 12, ✆ 4492, II-III
⛺ Campingplatz Bad Ems, Obere Lahnstr., ✆ 4679

Jugendherberge Bad Ems, Alte Kemmenauer Str. 41, ☎ 2680

Fachbach:
Campingplatz Bäderblick, Furtweg, ☎ 13202

Kemmenau:
P Ferienwohnung Hehner, Hauptstr. 21, ☎ 14210

Nievern
PLZ: 56132; Vorwahl: 02603
H Lahneck, Hauptstr. 2, ☎ 13684, IV
Gh Zur Alten Brauerei, Schulstr. 7, ☎ 500076
Pz Haus Klar, Waldstr. 14, ☎ 13659, I-II

Lahnstein
PLZ: 56112; Vorwahl: 02621

Touristinformation Lahnstein, Stadthallenpassage, ☎ 914171
H Merkur Hotel Lahnstein, Im Kurzentrum, ☎ 9120, VI
H Rheinischer Hof, Hochstr. 47, ☎ 180302, III-IV
H Koppelstein, Braubacher Str. 71, ☎ 2713, II-III
H Bock, Westallee 11, ☎ 2661, V
H Weiland, Bürgerm.-Müller-Str. 3-5, ☎ 2233, II-V
H Zum Alten Haus, Hochstr. 81, ☎ 2743, III-IV
H Weißes Haus, Johannesstr 19, ☎ 8417
H Zum roten Ochsen, Brunnenstr. 9, ☎ 4511
H Waldhotel Pinger, Am RHeinsteig 1, ☎ 18700
H Parthenon, Johannesstr. 19, ☎ 8417, III
Gh Straßburger Hof, Koblenzerstr. 2, ☎ 629571, II

Gh Auf Ahl 1, a. d. B260, Ahler Schleuse, ☎ 8822, II
Gh Rheinklause, Hochstr. 36, ☎ 2770, III,
P Zum Rhein, Blücherstr. 15, ☎ 7315, II
P Nachtsheim, Mittelstr. 39, ☎ 2289, II-III
P Zur Burg, Jägerpfad 11, ☎ 40199, II
Fw Aparthotel Ferienpark Rhein-Lahn, Taunusblick 1-5, ☎ 9160, II-V
Camping-Park Lahnbogen, Emser Landstr. 26, ☎ 8309, I-II
Camping Burg Lahneck, ☎ 2765

91

Ortsindex

Einträge in *grüner* Schrift verweisen auf das Übernachtungsverzeichnis.

A

Albshausen	*87*
Argenstein	34
Atzbach	44
Aull	*89*
Aumenau	61, *88*

B

Bad Ems	78, *90*
Bad Laasphe	16, *85*
Balduinstein	74, *90*
Banfe	*85*
Bermershausen	14, *85*
Biedenkopf	20, *85*
Biskirchen	56, *88*
Braunfels	56
Breidenstein	20
Brungershausen	*85*
Buchenau	23, *85*

C

Caldern	23, *85*
Cappel	*86*
Cölbe	24, *85*

D

Dausenau	76, *90*
Dautphetal	23, *85*
Dehrn	64
Dietkirchen	64
Diez	70, *89*
Dorlar	44
Dutenhofen	*87*

E

Eckelshausen	22
Elmshausen	23, *85*

F

Fachbach	80, *91*
Fachingen	73
Feudingen	14, *84*
Friedrichssegen	80
Fronhausen	36, *86*
Fürfurt	61

G

Garbenheim	*87*
Geilnau	74
Giessen	40, *86*
Gisselberg	*86*
Glashütte	*84*
Goßfelden	24, *85*
Großenbach	*84*
Gückingen	*89*

H

Hermannstein	*87*
Heuchelheim	42, *87*
Hofen	*89*
Holzappel	74, *90*

K

Kemmenau	*91*
Kerkerbach	64
Kernbach	23, *85*
Kleinlinden	*87*
Kombach	*85*
Krofdorf-Gleiberg	*86*

L

Lahnau	44
Lahnau-Dorlar	*87*
Lahnau-Waldgirmes	*87*
Lahnstein	80, *91*
Lahntal	24
Launsbach	*86*
Laurenburg	74, *90*
Leun	56, *88*
Limburg	64, *89*
Linter	*89*
Löhnberg	56, *88*
Lollar	36, *86*

M

Marburg	26, *86*
Michelbach	*85*
Mornshausen	*85*
Münchholzhausen	*87*

N

Nassau	76, *90*
Nauborn	*87*
Naunheim	*87*
Netphen-Lahnhof	*84*
Niedergirmes	*87*
Niederweimar	*86*
Nievern	*91*

O

Oberbiel	*87*
Oberndorf	*88*
Oberhof	76, *90*
Odenhausen	36
Odersbach	*88*

R

Runkel	62, *89*
Ruttershausen	36, *86*

S

Salzböden	36
Sarnau	24, *85*
Schadeck	*89*
Scheuern	*90*
Solms	52, *88*
Staffel	*89*
Steeden	64
Steindorf	*87*
Sterzhausen	23, *85*
Stockhausen	56

V

Villmar	61, *89*
Volkhol	14

W

Wahlbachsmühle.	14
Waldhausen	*88*
Wallau	20, *85*
Weilburg	58, *88*
Weimar	34
Weinähr	76, *90*
Weinbach	*88*
Wettenberg	*86*
Wettenberg-Wißmar	38
Wetzlar	46, *87*
Wissmar	38, *86*
Wolfshausen	*86*